添加一芳老师微信，
一起高效陪伴孩子成长！

如何提升孩子的学习力

一芳◎著

江苏凤凰科学技术出版社·南京

图书在版编目（CIP）数据

如何提升孩子的学习力 / 一芳著 . -- 南京：江苏凤凰科学技术出版社，2021.6（2024.1 重印）
ISBN 978-7-5713-1840-6

Ⅰ . ①如… Ⅱ . ①一… Ⅲ . ① 学习方法 — 家庭教育
Ⅳ . ① G791 ② G78

中国版本图书馆 CIP 数据核字 (2021) 第 053502 号

如何提升孩子的学习力

著　　者	一　芳
责任编辑	倪　敏
责任校对	仲　敏
责任监制	方　晨
出版发行	江苏凤凰科学技术出版社
出版社地址	南京市湖南路 1 号 A 楼，邮编：210009
出版社网址	http://www.pspress.cn
印　　刷	佛山市华禹彩印有限公司
开　　本	718 mm × 1 000 mm　1/16
印　　张	14.75
字　　数	160 000
版　　次	2021年6月第1版
印　　次	2024年1月第5次印刷
标准书号	ISBN 978-7-5713-1840-6
定　　价	58.00元

一起学习做更好的父母、更好的自己

初识一芳老师就有一种遇到知己的感觉。我们都是妈妈，也都是教育行业创业者。母亲的天职需要我们付出很多精力去陪伴与指引孩子，而对梦想的追求，又激励着我们在人生路上不断地成长与挑战自我。如何在有限的时间内更好地陪伴孩子成长呢？这成为我们共同的话题。我们有着相同的梦想，都希望通过自己的努力点亮孩子，把好的理念、方法和工具分享给更多父母，期待每位家长都能成为一盏萤火，照亮孩子的成长之路。

打开一芳老师《如何提升孩子的学习力》这本书，我不禁回想起自己的经历。在大女儿上小学二年级之前，我也曾走过弯路。当时我处于创业初期，工作非常忙碌，同时我也觉得学习是顺其自然的事，快乐比分数更重要，因此几乎没有管过女儿的学习。直到老师提醒我关注女儿的学习情况，我才发现她在学习上遇到了很多困难，甚至在内心把自己归为学习不好的孩子。也正是那个时候，我听了一芳老师的分享，对于学习力的“钻石模型”有了初步的了解。从那一刻开始，我开始研究女儿的学习——如何让孩子掌握正确的学习方法，养成良好的学习习惯，重新找回学习的乐趣，从“要我学”到“我要学”。短短几个月的时间，女儿已经学会主动学习，而且还从中找到了成功的自信和喜悦。那一刻，我感受到让孩子爱上学习是多么重要。

一芳老师积累了10余年教育行业经验，与上千位家长深度沟通如何让孩子爱上学习，为很多家庭解决了关于孩子学习的难题，比如写作业磨蹭、上课不专注、成绩下滑、厌学、偏科等。我曾经也为孩子出现的这些学习问题头疼不已。不过，看到一芳老师的这本书之后，我觉得这些困扰着很多家庭的孩子学习难题都将迎刃而解。这本书构建了一个完整的学习力模型，从学习力的基石——亲子关系开始，从思维模式提升，到培养学习动力、学习能力、学习方法、学习习惯与毅力等方面的分享和指导，帮助家长带领孩子真正实现自觉主动且高效的学习，让学习的意识住进孩子内心，让孩子在未来的学习生活中不惧竞争。

我非常欣赏一芳老师提出的一个观点：做智慧型父母，助力孩子学习力提升。相信这本集科学性、系统性和实用性为一体的书，不仅能帮助孩子在学习上实现突破，更能够帮助我们一起学习做更好的父母、更好的自己。

小萤灯创始人 瀛莹

2021年1月于北京

自 序 | Preface

在过去的 10 多年里，我近距离接触了上千个学生家庭。通过与学生以及家长们的沟通，我发现绝大多数家庭中，关于家庭教育的核心冲突都与孩子的学习相关。在教学中，我也发现很多孩子并不笨，而是对学习缺乏兴趣，没有足够的内驱力；有些孩子不能很好地处理自己的情绪，从而长时间困在情绪里，耽误了学习；有些孩子与父母沟通不畅，无心学习；也有些孩子没有掌握高效的学习方法，导致学习效率低下；还有些孩子学习不能坚持，三天打鱼，两天晒网……我试图在课堂上解决这些问题，但是我发现老师的力量有限，需要家长的帮助。后来，我将培养孩子学习力的个人建议和心得分享给家长朋友们，他们都表示孩子的学习状态、学习动力、学习能力、学习毅力等方面都有了很大的进步。

受到他们的鼓舞和启发，再联想到我们的孩子处在一个极不确定的社会，新技术层出不穷，瞬间就可以颠覆产业格局，如果孩子不拥有极强的学习力，就容易被社会淘汰。我觉得有必要把好的理念、方法和工具分享给更多的家长朋友们。于是，我开始系统研究学习力的相关理论，通过查阅大量相关资料，与行业专家交流探讨，形成了一套更加系统的学习力提升体系，也就是这本《如何提升孩子的学习力》。

本书包括七个部分，分别是亲子关系、学习动力、学习方法、学习能力、学习毅力、成长型思维以及如何做智慧型父母。其中前六个部分共同构成了学习力的“钻石模型”，具体如下：

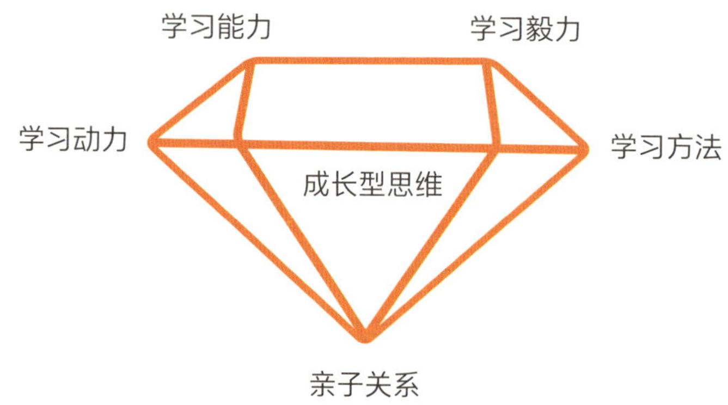

关于这个模型，本书将分六章分别阐述。最后，还用了一章探讨如何做智慧型父母，助力孩子学习力提升。如果说前六章更多强调的是“术”，那么第七章则是“道”。我们将探讨如何在孩子的不同成长阶段扮演好家长的角色，如何与孩子一起制订合适的学业规划，如何培养孩子的学习品格，如学术诚信、坚持不懈等。这些方面虽然看起来与提升学习力没有直接关系，但实际上却关系重大，因为这些正是孩子学习力建立的根基。

在构思和写作的过程中，我一直力图达到的一点是必须集科学性、系统性和实用性为一体，希望本书能够带给广大父母和孩子实实在在的帮助。然而，由于我并非学习力领域的专家学者，加之研究时间不长，对于一些问题的思考会受制于我所接触的有限案例。尽管在本书中，我将这些研究毫无保留地呈现了出来，并力图实现上述三个方面的目标，但个人能力终究有限，期待您在阅读过程中提出宝贵意见。如果这本书的内容正好对您有所启发和帮助，将是我作为一名教育工作者最大的自豪。

一芳

2021年2月于北京

目 录 | Contents

什么是学习力 _ 012

孩子的学习力是如何被影响的 _ 013

亲子关系 | 让家庭成为孩子的学习助力

认知提升　良好的亲子关系是孩子学习动力的基础 _ 024

沟通方式　四个沟通密码，带你走进孩子的内心 _ 030

情绪管理　教孩子正确表达情绪、解决问题 _ 037

教养方式　找准父母与孩子相处的正确模式 _ 045

思维升级 | 让孩子从根本上摆脱学习困境

新木桶法则　四个维度，引导孩子变得更优秀 _ 054

成长型思维　让孩子从错误中寻找进步的力量 _ 062

换框法则　成绩跟不上的孩子也能轻松逆袭 _ 069

逆商塑造　让孩子勇于面对学习困境 _ 073

第三章

学习动力 | 四种方法，让孩子学习劲头足

驱动法 如何为孩子选择合适的兴趣班 _ 082
自主法 动力三感，提高孩子内在学习动力 _ 088
心流法 四个要素，让孩子体会到学习的快乐 _ 096
游戏法 融入游戏元素，让学习像游戏一样上瘾 _ 102

第四章

学习能力 | 五大能力培养，让孩子学习更轻松

专注力 三个路径培养专注力，让孩子上课不走神 _ 110
记忆力 两种训练提升记忆力，让孩子学习更高效 _ 116
阅读力 高效阅读法，让孩子赢在大语文时代 _ 123
理解力 提升理解力，让孩子高效利用课堂时间 _ 130
创造力 培养创造性思维，提高解决难题的能力 _ 136

第五章

学习方法 | 六种技巧，让孩子学习更高效

刻意练习 难点突破，让孩子做题又好又快 _ 144
思维导图 将思维具体化，实现高效学习 _ 150
突破式学习 以点带面，突破成绩瓶颈期 _ 155
学习笔记 做好两种笔记，让学习更有体系 _ 160
以教为学 提高知识留存率，不做学习无用功 _ 167
时间管理 三个步骤，让孩子高效管理学习时间 _ 172

第六章

习惯与毅力 | 六个维度，让孩子学习更自主

以身作则　孩子写作业的时候，家长该做什么 _ 180

作业管理　孩子拖延、逃避写作业，家长该怎么办 _ 186

行为塑造　孩子沉迷手机、平板电脑，家长该怎么做 _ 191

自我管控　怎样让孩子学习时坐得住 _ 197

意志锻炼　如何解决孩子学习的三分钟热度问题 _ 203

正向引导　孩子自暴自弃，家长该怎么办 _ 209

第七章

做智慧型家长 | 成就孩子终身学习力

角色定位　家长的正确定位，成就孩子的一生 _ 216

学业规划　做好规划，让孩子少走弯路不迷茫 _ 223

学习品格　品格培养，成就终身学习力的基础 _ 228

参考文献 _ 234

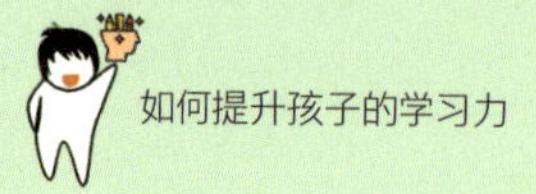

什么是学习力

“学习力”这个概念是美国哈佛商学院的柯比教授提出来的，它是一种学习方法和解决问题的模式，它让人们学会学习，在接受知识的基础上有自己的独到见解，可以独立地思考问题，并发挥自身的创造力来解决问题。

简单来说，学习力就是在变化的环境中，通过快速学习来解决问题的能力。

不论是成人还是孩子，培养学习力都是成长过程中非常关键的一个方面。我们处在一个有着极大不确定性的社会，新技术层出不穷，瞬间就可以颠覆产业格局，如果个人缺乏极强的学习力，就容易被社会淘汰。要想不被这个时代抛弃，就必须保持极强的学习力，这样才能紧跟潮流，抓住这个时代给予我们的机会。

事实上，联合国教科文组织曾经做过一项研究，结论是信息通信技术加速了人类知识更新速度。

在 18 世纪，知识更新周期为 80 ~ 90 年；19 世纪到 20 世纪初，知识更新周期缩短为 30 年；20 世纪六七十年代，一般学科的知识更新周期为 5 ~ 10 年；到了 20 世纪八九十年代，许多学科的知识更新周期缩短为 5 年；而进入 21 世纪，许多学科的知识更新周期已缩短至 2 ~ 3 年。有人预计，在50年后人类所拥有的知识总量中，现存知识只占其中的1%。换句话说，在未来的50年中我们所用的知识绝大部分都是新知识。

随着拥有某种知识的优势迅速失去，未来唯一持久的优势是有能力比竞争对手学习得更快，因此学习力将是未来个人最核心的竞争力。正如著名未来学家埃德加·沙因所说，未来的文盲不再是认识字的人，而是没有学会怎样学习的人。随着人工智能的普遍运用，拥有极强学习力的人会变得越强，而没有学习力的人，却会不断地被人超越，直到最后无法追赶。

孩子的学习力是如何被影响的

孩子从幼儿阶段开始，就有很强的学习能力，一般2岁左右的孩子就能够跟大人用语言对话，语言的学习就是孩子学习力的一种表现；3岁左右的孩子开始具有强烈的好奇心，总是围着父母问这问那；4岁的孩子已经具备推理和归纳的能力。但令人痛惜的是，很多孩子到了大学之后就不学习了，玩游戏、看剧等占据了他们大量的时间。

一项研究表明，随着年级的升高，学生的心智越来越成熟，但是学习力却在降低。从实验对象来看，小学低年级和中学低年级的孩子学习力总分是最高的，小学高年级和中学高年级孩子的得分相对较低。

为什么孩子的学习力下降了？他们的成长过程中发生了什么？

导致学习力改变的是综合性因素，这与孩子自身的心理健康程度、教育体制、学校教育、社会环境及家庭都有很大关系。作为父母，很多因素我们无法去改变，我们能做的就是检视自己的养育方式，负责任地对孩子进行教养，让孩子的学习力得到持续提升。

在此之前，我们需要先探讨一下，孩子的学习力是如何被影响而变得低下的：

影响因素一： 亲子关系陷入对立冲突

良好的亲子关系是孩子学习、社交的基础。如果家长与孩子一直处于紧张、对立的冲突当中，孩子便会无心学习，自然也就破坏了学习力。

我的一个学生乐乐马上要中考了，周末休息的时候还会打一下手机游戏，因为已经打到比较高的级别了，乐乐觉得如果这个时候放弃非常可惜，而且只是周末的时候打，他自认为没有太影响学习。但是乐乐的父母觉得马上就要中考了，乐乐应该把心思集中在学习上，其他与学习无关的事情都得靠边站。双方由于观点不同，陷入了对立冲突中。

后来，乐乐的父母深思熟虑后，跟乐乐商量，由乐乐的爸爸继续帮儿子打游戏升级，但是乐乐需要将全部心思投入到学习中去，乐乐也很乐意接受父母的这项提议。

如果孩子与我们的想法有冲突，我们应该努力去寻找共同诉求点，围绕目标去解决问题，而不是站在道德制高点去指责孩子。

影响因素二：没有给孩子提供学习示范

在《麦肯锡决断力》一书中提到了一种思维模式——假设思维。

员工面临的首要任务就是明确问题，即需要解决的问题，并预先制定假设（解决问题的方案），再基于强烈的假设思维推进工作进展。也就是说，根据各种信息验证假设的正确性，当假设被证明是错误的，就立即改正，寻找替代方案。用来验证假设的信息搜集和分析速度越快越好。

一旦明确了假设是错误的，就不要纠结于之前的付出了，而应干脆果断地放弃。因为在有限的时间内，必须尽可能地得出准确度相对较高的答案，这就要求我们尽快完成这个过程，因此所有的行动都必须加速进行。

假设思维的优点是：如果明确了“假设是错误的”，就立即替换。

学习的过程也是一个提出假设、验证假设、得出结论，最后进行反思总结的过程。很多父母可能已经默默地将这个过程运用得非常熟练，但是却从来没有跟孩子分享过具体的经历，孩子也就没有可以参考的学习对象或学习方式。

影响因素三：破坏孩子的好奇心

哈佛大学柯比教授认为，好奇心是影响孩子学习力的重要因素之一。一个对知识没有好奇、没有渴求的人很难自主学习。在幼儿阶段，孩子的好奇心需要父母培养。然而，父母的一些行为却在不知不觉中将孩子的好奇心破坏了。比如，2~5 岁的幼儿喜欢到处探索，会把家里的抽屉、柜子从里到外

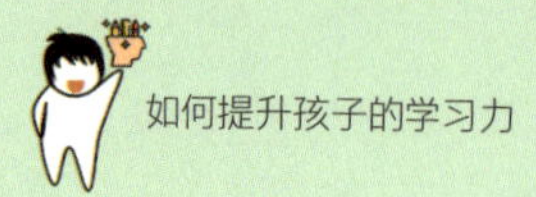

全部翻遍，弄得乱七八糟，这让父母很头痛。有的父母为了减少收拾的麻烦，就直接把抽屉和柜子锁起来，或者将它们清空，父母这样做就等于剥夺了孩子探索外在世界的机会和兴趣。

另外，这个阶段的幼儿每天都有“十万个为什么”要问父母，孩子问多了，有的父母对孩子的提问就感到不耐烦，对孩子说“烦死了”“笨死了”“连这个都不明白”之类的话，父母这样做无疑否定了孩子思考和提问的意义，严重破坏了孩子的好奇心。

甚至有的父母觉得给孩子解释了他也不懂，于是糊弄孩子，随便给孩子一个答案，或者不懂装懂。父母这样做只会给孩子留下一个对待学习不上心的坏形象。最糟糕的是，一些错误的知识或理念存储在孩子的脑中，会阻止孩子日后对知识的融会贯通。

影响因素四：不懂得合理的赞扬或奖励方式

很多家长都会用奖励的方式强化孩子的行为，但是在使用奖励的时候需要注意，一些不恰当的奖励方式会破坏孩子的学习动机。以下几个关于奖励的问题，需要大家重新定义和思考：

1. 如果孩子内在动机很强，还有必要给予孩子额外的奖励吗

自然是不用。对学习动机比较强的孩子来说，学习收获本身就是一种奖励。如果家长再用外在的物质进行奖励，反而会破坏他的内在动机。

有一位老爷爷，他家窗前有一块空地，孩子们会在下午的时候到这里踢

足球。老爷爷被吵得休息不好，就跟孩子们说，你们下午不要来踢球了，但是孩子们还是会来。后来他想到一个办法，每次孩子踢完球之后，他就给孩子们买一根雪糕吃。这样坚持了一个月之后，老爷爷突然有一天就不给孩子们买雪糕了，孩子们不高兴了，就再也不来踢球了。这个故事从不同的角度有不同的解读，但是可以看到，孩子们原本内在踢球的动机，由于外在的物质奖励被破坏了。物质奖励是一种控制他人行为的手段，有时候反倒会让获奖对象不太舒服。

2. 过度依赖外在的物质奖励会怎么样

有的家长在对孩子的管理中频繁使用奖励方式，做家务活有奖励，作业工整有奖励，取得好成绩有奖励，积极参加班级活动有奖励……这样做的结果会使孩子对奖励产生依赖心理，被奖励左右，在行为上越来越不自觉，甚至把得到奖励看成是学习的目的，产生对奖赏物的关注与贪求。

心理学研究表明，对某一行为的连续奖励会使行为者对奖励形成依赖，因此一旦减少奖励或不再奖励，就会在客观上起到一种与奖励相反的效果。

3. 家长正确的奖励方式是什么

艾尔菲·科恩在《奖励的恶果》一书中写道，要避免事先许诺给别人奖励。有研究证明，奖品越引人注目，奖励的危害就越大。因此，如果家长忍不住，可以在事后奖励，给孩子意外惊喜。另外，家长应当让孩子自己决定想要什么奖励，用什么方式来获得。如果被奖励者在奖励的方式和内容上有自主选择权，奖励的破坏性就会小一些。比如，当孩子安静地看完了一本书

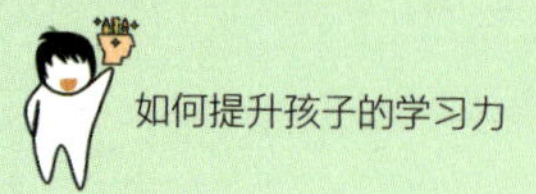

之后，如果你想夸夸他，可以这么问："你今天读书很认真，你有什么愿望吗？我可以帮你一起实现。"还有一点要注意，你的奖品最好跟任务本身有一定的联系，比如孩子看完了一本书，可以奖励他另外一本书，这样也能减少奖励对读书兴趣的影响。

此外，家长赞美孩子的时候需要真诚且具体，尽量做到对事不对人，夸奖做事的过程。比如，孩子画了一幅画，高兴地拿给妈妈看，妈妈说："啊，你画得真棒！"这种夸奖就显得非常空泛，不能引起孩子的共鸣，他可能会觉得妈妈在敷衍他。但是如果妈妈说："啊，你这幅画画的是昨天我们一起读过的书里的场景啊，我太喜欢这个场景了！你居然没忘记在远处画上那个山坡和湖，简直太仔细了！ 妈妈能看出来你花了很多心思，而且你的记性也不错哟！"这样具体而诚恳的称赞会引起孩子的共鸣，他付出的努力得到认可，内心会升起自豪感，也会发现自己的闪光点。

影响因素五： 家长期望过高

家长对孩子有一定的期望有利于促进孩子的学业表现，但是如果父母对孩子的期望过高，期望孩子尽善尽美，反而会对孩子产生不利影响。

新加坡的研究人员对 263 名 7 岁儿童进行了一项长达 5 年的研究，收集了 8 岁、9 岁和 11 岁孩子的数据。在研究开始的时候，孩子们被要求在一定的时间内解决一个难题。孩子的妈妈或爸爸也在场，并被允许在父母认为有必要的时候施以援手。结果发现，父母经常干预的孩子表现出不健康的自我批评和完美主义倾向，以及焦虑和抑郁的迹象。研究人员还发现，当对类似的任务和情况进行后续评估时，这些问题的程度每年都会上升。

有的父母对孩子抱有不切实际的期望。“我们在学术、体育和其他课外活动中看到的可能更多。”亚伦·特雷格（Aaron Traeger）博士说，“有一个时期，孩子和父母都很健康，一切都很顺利，但随后压力开始累积，直到一个转折点，我们开始看到孩子身体上的疾病或孩子含糊不清的抱怨，而这些都无法得到真正的解释。”

根据美国儿科学会的研究，父母、老师或教练施加的合理压力对孩子来说是一个很好的激励因素，但当压力无穷且强烈时，孩子的情绪和身体都会受到影响。随着压力的持续，孩子可能更容易生病，或者容易疲劳、失眠、发脾气、抑郁或焦虑，甚至导致学业失败。当父母期望孩子完美时，孩子就会害怕犯错。该研究的负责人在一份新闻稿中解释说，父母过于专横的，孩子即使真的需要帮助，也很难承认自己的不足，并容易放弃寻求帮助。

影响因素六： 家长干扰

家长干扰会破坏孩子的专注力，进而影响孩子的学习效率。比如孩子正在专心画画，妈妈一会过来问要不要喝口水，要不要吃个苹果，或者是发现孩子画得不好，索性握住孩子的手教他画。孩子正专注于一件事时被家长一而再，再而三的“好意”打断，孩子本来良好的专注力也会被破坏。

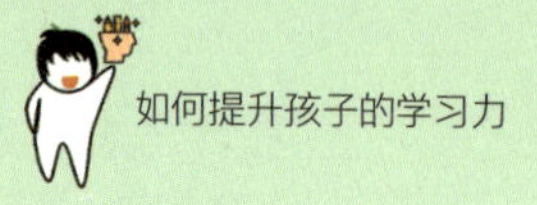

影响因素七：对挫折教育的不当理解

关于挫折教育，存在两种截然不同的观点：

第一种，舍不得孩子吃苦，不让孩子受一点点挫折。看着孩子遭受失败、难过，家长就心疼不已。当孩子尝试新的解决问题的方式时，会遭到父母反对，父母总觉得自己的方法是最优的，孩子没有必要走弯路。父母这样做会限制孩子的思维发展和抗挫折力，最终只会让孩子逃避挑战。

第二种，很多父母觉得现在的孩子生活太幸福了，决定给孩子制造障碍，制造挫折。比如带着 5 岁的孩子穿越沙漠或送孩子去“吃苦营”。但是，这些所谓的挫折教育，效果往往不尽如人意。其实，对 4 岁的孩子而言，橡皮掉到沙发底下捡不出来就是挫折；对 7 岁的孩子来说，很难适应小学一年级的生活就是挫折；对 12 岁的孩子来说，一篇英语课文背不下来就是挫折。孩子们的挫折就隐藏在生活、学习中，不用家长再人为制造。

当孩子面对挫折时，父母要做的是在情感、认知、思维方式上给予全方位的支持，而不是让孩子自己去打毫无准备的仗。让孩子去独自面对挫折，很可能的结果就是造成“习得性无助”，这样孩子对学习就没有自信了。

影响因素八：不允许失败和错误引导

大部分家长其实是有教育焦虑的，他们期望自己的孩子能够上最好的小学、最好的初中，然后考入最好的高中，再到最好的大学，找到好的工作。为了让孩子去最好的小学，他们甚至给孩子报了多个同样性质的奥数班、

英语班等。在他们眼里，孩子所走的每一步都是环环相扣的，不能有任何差池，不能失败。结果，孩子由于长期处于紧张状态，身心俱疲。学习也都是父母安排的。因此很多孩子对学习逐渐丧失了主动性，也不清楚为什么学。

在孩子坚持不下去的时候，有的父母则会苦口婆心地叮嘱孩子，你再坚持下，到了大学就好了，大学就自由了。这种错误引导导致孩子们到了大学就彻底放飞自我，女生宅在宿舍看电视剧，男生待在宿舍打游戏，找不到继续努力的动力和方向。

由于中小学阶段忙于应试、刷题，上了大学后，他们的创造力和学习欲望几乎被耗尽，只品尝到自己获得自由的一时快感。大学毕业后，很多人觉得读了这么多年的书，上了这么多课，终于不用读书，不用继续学习了，于是能坚持读书、坚持学习的人就更少了。由于大学中学业的荒废，很多人毕业就陷入了无尽的迷茫，不知道自己能做什么。

父母过早地让孩子承担了学习的压力，剥夺了孩子学习的主动性和对待学习的责任心，同时又误导孩子，让他们觉得大学是轻松、不用努力学习的地方。其结果就是，让他们觉得学习就是一件苦差事，很难做到终身学习。

添加一芳老师微信，
一起高效陪伴孩子成长！

第一章

| 亲子关系 |
让家庭成为孩子的学习助力

良好的亲子关系可以让孩子感受到父母真挚的爱与尊重，使他身心愉快，有安全感、归属感和自信心。孩子把父母的期望内化成自己的学习动力，为成功打造了坚实的后盾。

认知提升

良好的亲子关系是孩子学习动力的基础

孩子的学习成绩是由多方面因素决定的，常被关注的有智力水平、知识结构、思维能力、学习习惯等。其实除了这些因素，亲子关系对孩子的学习成绩也有着重要影响。

美国哈佛大学一项长达 35 年的研究结果印证了良好的亲子关系非常重要这一观点。良好的亲子关系可以让孩子感受到父母真挚的爱和尊重，生活在这种家庭的孩子身心愉快，有安全感、归属感和自信心。他们对前途充满信心，乐观积极，会把父母的期望内化成自己的学习动力，遇到困难也不会退缩。这些都是有利于提高孩子学习成绩的心理因素。

简单来说，有良好的亲子关系，孩子才能合作，教育才能有效；没有好的亲子关系，孩子逆反，无论方法多么正确，都可能是无效的。

五种常见的不良亲子关系

一切进步都源于反思。这里我简单总结了五种常见的不良亲子关系。

（1）亲子关系互动单一，甚至贫乏， 学习或学习成绩是父母与孩子谈

论最多的内容。

（2）由于两代人成长背景不同，亲子沟通程度不高，沟通困难，代沟明显。

（3）家长采用训导的方式批评、指责、规劝孩子。重复和乏味的说教，不给孩子思考和理解的时间，也不让孩子表达自己的意见。

（4）父母忙于工作，与孩子接触不多，难以发现和满足孩子成长的需求。

（5）父母望子成龙，望女成凤，强制性地输出自己的意志，忽略孩子的潜能和兴趣。

下面是我曾接触的两个案例，让我们来看看不良亲子关系对孩子学习到底有什么影响。

微案例：学习用功而成绩不理想的小彤

几年前，我所教的小学六年级班里有一个叫小彤的女孩。她是一个对人特别热心、学习也特别用功的女孩。

她每天都在抓紧一切时间学习，甚至吃饭的时候都要看点英语单词。平时下课休息的时候，别人在聊天，她还在学习。她的努力和付出我都看在眼里，但是她的学习成绩却没有太大的提高。

我一开始还很奇怪这是为什么，后来认真观察了很久才发现，她虽然很努力，但是并没有全心投入学习中，因此成绩提升不明显。

此外，小彤非常惧怕“权威”，怕被批评。有一次上课的时候，我让大家试着用英语对话的形式来复习之前学过的知识点。别人都开始互相练习了，小彤却好像还在找什么东西。我感到很奇怪，随口问了一句：“小彤，你在找什么？”她一下子就变得非常紧张，眼睛里充满了恐惧，表情开始变得僵硬，手足无措起来，看起来就像是一个闯了祸的小孩子，惊恐地坐在那里。

可以看出，小彤很害怕被批评，以至于面对别人问话的时候，不敢表达自己真正的想法和需求。事实上，在班里，我从来没有批评过任何孩子，但是小彤面对我的问话时，还是表现得很恐惧。

后来我留意观察，发现如果附近的人不高兴，小彤就会显得比较焦虑。她总容易把他人的不愉快和自己扯上关系。如果同伴和自己观点不一致，她也会惴惴不安，担心失去友谊。

这种过度敏感的性格让她在人际交往中恐惧与别人发生矛盾。同样，因为过度敏感，她在学习的时候不能全心投入，所以学习效率很低。

这样的性格已经对小彤的学习造成了阻碍，因此在闲暇的时候，我单独找小彤来聊聊她家里的情况。在和她沟通的过程中，我发现小彤用了很多赞美的语言来描述自己的妈妈，但是可以感觉到，她在描述妈妈时似乎有很多刻意的成分。聊得越深入，我越感觉到，其实她的内心深处并不是真的认可自己的妈妈。交流了很久之后，小彤才勇敢地向我表达了她内心的真实感受。

她不认可妈妈，每次自己做错了事情，妈妈就会发火。而且，妈妈常常要求小彤必须听她的安排，不允许晓彤表达自己的想法，否则就会批评、指责小彤。因此小彤特别害怕妈妈生气，在这样的成长过程中，小彤形成了讨好妈妈的性格，甚至在同学之间也经常讨好他人，导致她常常没有自己的原则和主见，渐渐变成了一个过度敏感、没有自信、学习效率低下的孩子。

微案例：小鑫为什么在课堂上有讲不完的话？

班里还有个孩子叫小鑫。他思维非常活跃，课堂上也积极回答问题，但是不管是上课还是下课，他都喜欢跟周围的同学说话。下课跟同学交流，我是非常鼓励的，但是课堂上随意讲话，就非常影响课堂秩序和听课质量了。

最初的暗示和几次规劝效果不明显之后，我决定跟小鑫好好聊一下，为什么上课总是跟其他同学讲话。经过一番聊天，我得知小鑫的爸爸是一家公司的高管，妈妈也非常忙，每次都是阿姨（保姆）送过来上课，家里经常就只有小鑫和阿姨。了解到这里，我大概明白了小鑫为什么课堂上总喜欢讲话。其实，小鑫特别渴望有人关心他，期望能与他人有深度的交流，渴望在同伴中找寻缺失的亲子关系。

像小彤和小鑫这样的孩子我遇到过很多，因为亲子关系对这些孩子性格的影响，导致他们或者专注力不集中，或者防御心很强，不愿意表达自己，又或者过度自卑，对自己的学习没有信心，导致他们学习效率低下，努力和付出得不到相应的成绩提升。

通过学习可以窥探一个人的部分性格，通过性格也可以知道一个人有哪些学习问题。学习就是以知识为载体来改造孩子的思维方式，完善孩子的人格。亲子关系对孩子性格、人格的形成至关重要。一个自信、豁达、积极向上的孩子在学习中就会少很多牵绊，可以更全心地投入到学习中去，学习效率也会更高。

美国知名作家小乔治·盖洛普曾说："成功的种子似乎不是播种在财富的土壤中，而是播种在爱、理解和培育人的家庭生活的优良土壤中。"我想

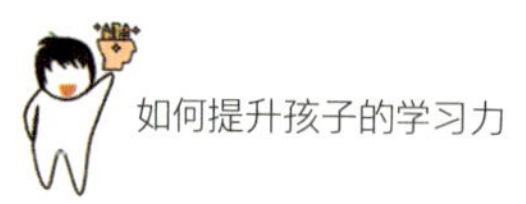

说的是，良好的亲子关系是培养孩子学习力的基础，更是播种孩子未来成功种子的优良土壤。

四种方法让亲子关系更和谐

建立和谐的亲子关系其实是有方法可循的。下面四种方法（简称CCTT法）已经被证实能让孩子感受到爱，让亲子关系更紧密。父母可以从孩子很小的时候就开始这样做，对亲子关系的稳固有很好的促进作用。

1. C（care，生活照顾）

提供孩子生活所需的照顾，关心孩子是否吃饱穿暖。孩子得到父母用心的照顾后，会知道他是被家人所关爱的。

2. C（commend，肯定赞美）

鼓励、肯定、赞美孩子，是使孩子肯定自己、确认父母的爱，以及愿意继续努力的重要动力来源。

3. T（touch，身体接触）

经常拥抱适用于所有年龄段的孩子。

4. T（unforgettable time，美好时光）

在重要的日子或关键时刻，送给孩子他想要的礼物或给孩子惊喜，这些特别举动对孩子而言意义非凡。此外，可以为孩子建立成长记录簿，用文字、照片、视频等记录并分享孩子的成长过程，孩子很乐于知道自己的成长是如何为家里带来欢乐和希望的。

当然，不可忘记的一点是，美好的夫妻关系是亲子关系最重要的基础，孩子看见父母彼此珍惜和相爱，他才能真正学会爱。

拆为我用 参考 CCTT 法，你可以让孩子做哪些事情来表达他（她）对你的爱呢？

沟通方式

四个沟通密码，带你走进孩子的内心

对于父母和孩子而言，亲子沟通是人生极为重要的一部分。良好的亲子沟通带来和谐的亲子关系，也会促进孩子自主学习力的培养。

亲子沟通需要掌握四个密码：

沟通密码一：蹲下来与孩子说话

“蹲下来说话”有两层含义：一是肢体的蹲下，二是心灵的蹲下。在家庭日常教育中，很多家长都习惯了站着说话，对孩子发号施令，把自己的思维和主观愿望强加在孩子身上，而很少去考虑孩子的内心想法。

我们经常听到一些家长呵斥孩子“你怎么什么都不会，你看隔壁家……”“让你快点过来，听到没有”之类的话。居高临下真的让我们更有威严、让孩子更容易遵从吗？

显然不能！在面对父母俯视的目光与呵斥的语气时，大多数孩子的内心是恐惧不安的。这种命令式的口吻在压抑孩子自身情绪的同时，会让他们表现出撒谎、哭闹、逆反、任性等行为，教育的结果往往会适得其反。家长

的情绪也会变得更加焦虑，让原本不大的问题扩大化。

相反，用蹲下来抚摸孩子、和孩子进行对话的方式加以教育，可以让孩子感受到平等、依赖与信任，他们会更乐于接受教育，教与学也会变得更加轻松。

微案例：及及突然不肯去公园了

周末的时候，我经常带着4岁的儿子及及去家附近的馄饨馆吃馄饨。去馄饨馆时，需要穿过一个小公园，时间长了，孩子有时候也会自己在公园里玩一会。

有一次，我需要在家加班，于是急匆匆地带孩子出门，打算依旧去公园对面的那家馄饨馆。走到公园门口时，孩子拽着我的手不肯走。

我当时很生气，就跟及及说："妈妈今天特别忙，不能陪你在这玩了，我们赶紧穿过公园去吃饭。"但是及及还是一个劲地拒绝，说："不！不！不！"

我也很纳闷，平时孩子挺喜欢在这公园玩的，于是准备蹲下身跟孩子好好沟通。蹲下来的那一刻，我发现孩子的眼神里充满了恐惧和无助。

通过耐心地引导孩子，我才了解到，昨天奶奶带孩子来玩的时候，一只狗突然窜出来，冲到孩子面前，因此孩子对公园及这条路非常害怕。

后来，我半蹲着抱着他安慰道："有妈妈在，及及不要害怕，妈妈会把及及抱起来，带着及及一起走这条路，就算遇到了大狗，

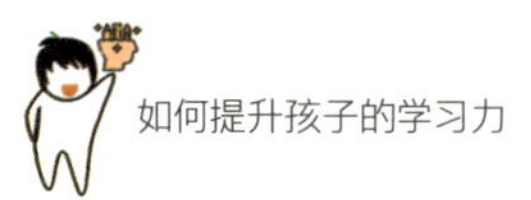

妈妈也会保护好及及的。”最终，及及也同意由我抱着他穿过这个公园。

想走进孩子的世界，就要先走进他们的视野。在你不知道孩子为什么闹情绪的时候，不妨先蹲下来，理解他们眼神中所传达出来的情绪和感受。

美国精神病学家威廉·哥德法勃曾经说过：“教育孩子最重要的是，要把孩子当成与自己人格平等的人，给他们无限的关爱。”蹲下来不只是一种姿态，当蹲下来的那一瞬间，大人的视角改变了，和孩子的目光平视，这时候父母与孩子之间不再是隶属关系，而是朋友。当我们与孩子以平等的姿态交流，孩子就会乐意与我们交流，而我们就能在亲子沟通中收获意想不到的结果。

沟通密码二：用观察代替评价，不给孩子的行为贴标签

经常有家长问，“我家孩子不听话该怎么办啊”“我家孩子特叛逆怎么办啊”“哎呀，我们家孩子很自私该怎么办啊”。

如果我们换一种方式，不去说孩子不听话该怎么办，而是很具体地说：“我和孩子说了要写完作业才能看电视，他明明答应了，但是转过头来还是不照办，该怎么办呢？”这样一说，问题立马得到澄清。在家庭教育中，我们把孩子具体说了什么话、做了什么事叫行为。对行为的评价，就叫贴标签。

简单来说，就是能用相机拍下来的、能把声音录下来的就叫行为。例如，你喊孩子三遍，孩子还是没有写作业，这就是行为。因为孩子没写作业，你

说这个孩子偷懒，这就是评价，就是贴标签了。

给孩子的行为贴标签会带来诸多坏处。

首先是容易把问题扩大化，导致沟通失败。比如，我们说：“哎，你这孩子实在是太磨蹭了，天天早上迟到，你就不能快一点么？”话音还未落，孩子很可能立马和你呛起来：“谁天天迟到了，我怎么就磨蹭了，我昨天早上不是没迟到么？”这样的对话基本可以宣告亲子沟通失败了。

其次是会引发父母自身的心理焦虑。想想看，你有一个磨蹭、不听话、懒惰的孩子，是不是让你很焦虑？

再次是很可能会让孩子的行为朝标签所说的方向发展。在教育心理学里，有一种行为叫作自我印象管理。当一个人被贴上标签时，他就会做出自我印象管理，使自己的行为与所贴的标签内容相一致。

因此，在亲子沟通当中我们要用观察来代替评价，记住不要随便给孩子贴标签。

沟通密码三：围绕目标进行沟通

当我们与孩子因为某个问题或某件事产生分歧的时候，要如何有效地与孩子进行沟通呢？

首先我们要明确一下亲子沟通的含义：沟通是为了设定一个目标，把信息、思想和情感在家长与孩子之间传递，并达成共同协议的一个过程。

显而易见，设定的目标是基础、是关键，这个目标可能是家长提出的，也可能是孩子提出的。其实无论孩子在成长的哪个阶段，沟通的发起者都是为了围绕目标进行协议。

很多时候，家长总是会把目标和原因相互混淆，在教导孩子的时候常常纠结于寻找错因，在指责、埋怨孩子的同时忽视了本来要关注的目标。

微案例：超爱看动漫的小乐竟然也懂得节制了

小乐是一个很喜欢看动漫的孩子。为了看动漫，他用尽各种方法躲避老师和家长的检查，但还是经常被发现。妈妈坚决反对他看动漫，一开始是讲道理，后来是直接指责他，再后来无奈就改打感情牌，在百般无奈下甚至示弱，但基本没有效果。

妈妈不允许他在家看，他就偷偷在学校看。妈妈让老师帮忙监督，他就想尽办法躲避老师的检查。

对小乐来说，家庭和学校制定的规则是无效的。后来他妈妈向我求助，这种情况该怎么办才好。我告诉她，这件事情从最开始沟通设定目标的时候就完全走错了方向，其实她最开始反对孩子看动漫的原因，是担心孩子因为沉迷动漫而不专心学习。

我跟她说，回去和孩子说动漫可以看，但是要完成每天的学习任务才可以，只要完成任务，他可以正大光明地看，不用再担心被家长发现。并且，如果大人时间足够的话，可以跟孩子一起讨论动漫里的情节，甚至分析剧情，体会主人公成长的心路历程。

前段时间，小乐妈妈告诉我，小乐自从可以正大光明地看动漫之后，每天都积极完成学习任务，今年期末成绩提升也很大，而且他的性格现在变得越来越乐观积极，朋友也越来越多。

在亲子沟通中，如果我们一开始只关注问题，那么问题反而会越来越多，如果我们尝试忽视问题，以目标为导向，认真思考，问自己："你的目标是什么？你到底想要什么？"那么，沟通方式就会完全不一样了。

在和孩子沟通中处处应用目标导向与目标意识。这样的信念一旦确立，我们的教育风格也会随之产生巨大的改变，不再急于指导和教授，而是让孩子挖掘自己的能力和资源，孩子内在的灵性和抗挫力就会被唤醒。

沟通密码四：主动提出需求和请求

每个人都是独立的个体，有着独立的思想和想法，因此不要奢望我们周围的人，甚至家人能够完全懂得自己的需求，有需求和请求就要直接表达出来，这样比让别人猜，然后自己苦苦等待对方来满足需求要容易很多。

马歇尔·卢森堡在《非暴力沟通》一书中提出了非暴力沟通模式中很重要的两个因素——表达需求和提出请求。

微案例：菲菲生气了，家人却感到莫名其妙

我的朋友菲菲与我分享过一次不太愉快的沟通经历。

有一次，她从单位加班回来给家人准备晚餐，觉得精疲力竭，特别希望丈夫和孩子能够多关心下自己，说两句体恤的话，但她没有说出来，一直等着丈夫和孩子主动来表达关心。当丈夫和孩子没有表达出相应的关心后，她就开始自己生闷气，然后越想越气，想到自己为了这个家付出这么多，却没收到家人的一句关心和感谢。于是在睡觉之前跟丈夫大吵了一架，对孩子也大吼大叫。她的丈夫觉得莫名其妙，孩子也委屈地哭了。

受传统文化的影响，我们中国人大都比较内敛，不太习惯直接表达自己的感受和需求，这是需要我们去努力体会的地方。即使是为了高质量的亲子

沟通，拥有和孩子之间更好的亲子关系，这也值得我们去尝试和努力。

表达并不是把需求说出来就行，表达本身也有很多方式。有一些家长在跟孩子表达自己的请求时，往往让孩子有被命令或被惩罚的感觉。比如，家长跟孩子说“把你的臭袜子扔到洗衣机里去”“你期末数学不考100分，暑假哪也别去了，就在家好好做题”等。这些就不是在真正表达请求，而是命令。没人喜欢自己被命令，这样的沟通方式只会破坏亲子沟通，也无益于亲子关系的培养。

如果家长换一种语气说，“宝贝，帮妈妈把你的袜子放到洗衣机里去好不好？一会妈妈把它和其他衣服一起给你洗干净”“宝贝，如果期末数学没有考好的话也不要沮丧，妈妈暑假的时候在家陪你一起做习题，帮你把成绩提上去，怎么样”。同样是向孩子表达你的请求，但是两种不同的沟通方式，我们所得到的反馈肯定也是不一样的。

简单来说，家长们需要提出具体、明确的请求，说明要什么，而不是不要什么，而且确实是请求而非要求，你的请求是出于由衷的关心，而不是让孩子产生恐惧、内疚、惭愧、责任等。当孩子感受到父母真挚的爱与尊重，就愿意配合，并建立正确的行为模式，无论是生活还是学习，都会积极主动。

拆为我用 请你回想一次曾经与孩子失败的沟通经历，然后结合所学到的亲子沟通密码复盘一下，如何改善会让沟通更有效？

情绪管理

教孩子正确表达情绪、解决问题

除了亲子间的沟通技巧，对孩子进行有效的情绪管理也是我们培养亲子关系很重要的一个方面。研究发现，当孩子拥有积极良好的情绪，面对问题时能采取更好的解决方式，均有利于提高学习成绩。

对孩子进行情绪管理的培养，可以使用情绪管理五步法：

第一步：察觉孩子的情绪

很多家长觉得孩子有情绪了，还用察觉么？他们直接就表现出来了啊！

但事实上，研究表明，7 岁以下的孩子在表达自己感受的时候通常不是直接的。就像我家及及，因为惧怕狗而不想走公园的路，怕狗才是他的主要情绪，但是他只拒绝从公园走，没有主动和我说出他内心的真实感受。

那么，到底如何才能察觉到孩子真实的情绪呢？

一个比较好的方式是，可以通过角色扮演游戏，变换不同的角色、场景和道具，让孩子在游戏中把他们的情绪平和地传递出来。

微案例：及及不喜欢游泳，喜欢听妈妈讲故事

有一次我和及及玩佩奇一家的角色游戏时，他拿着代表佩奇的玩具对我说："猪妈妈，佩奇讨厌游泳，喜欢躺在沙发上听猪妈妈给他讲童话故事。"这让我意识到，孩子不喜欢我为他安排的幼儿游泳课，并且因为工作忙，最近对孩子的陪伴不够，让他产生了失落感。

在我看来，这样的方式非常好，能让他有更多的机会说出自己的感受。

当然，这属于简单的情况，孩子有时会把情绪隐藏得更深。比如，他会通过玩一些包含抛弃、生病、受伤和死亡话题的游戏来传递自己的情绪。作为家长，我们要对孩子的情绪保持警觉，要通过孩子在游戏中的表现窥见他们真实的感受。

我们要时刻记住，孩子是以一个更单纯、更脆弱、更缺少经验的个体在面对生活。对于他的情绪变化，我们要更加细心。当你觉得自己的心在向孩子靠拢，能够与孩子产生共情，觉得自己能体会孩子的感受时，你才能察觉到他的情绪，这也是我们进行情绪管理的基础。

第二步：把情绪化的瞬间当作增进亲密感的好机会

不管是摔坏了玩具、没考好，还是小伙伴的背叛，生活中这些负面的经历其实都是让我们与孩子之间进行共情，建立亲密关系，教他们如何处理情绪的好机会。

比如，孩子从学校回来说"我今天考试考砸了，特别伤心"，或者是在

学校跟同学起了冲突和矛盾，“他们都不喜欢我，都不跟我玩”，又或者“有人抢我东西，我很生气，他们还打了我”等。当这样的情况发生的时候，作为父母，我们不要急着去指责或解决孩子所说的问题，而是要换个方向去想：感谢孩子给我这个机会，让我可以帮助他去学会以后怎么面对这样的情况和情绪。

这样一来，孩子每次出现问题，都能成为增进亲密感、对孩子进行指导的好机会。孩子在不断地面对并解决问题中成长，亲子关系也会随着我们正确地解决问题而不断变好。

第三步：倾听孩子的心声，对孩子的情绪感同身受

当孩子出现情绪问题的时候，有些父母可能会对孩子说“哎呀，你别哭”，或者是“好了，好了，没事了”。但是，父母这样安慰孩子，孩子的情绪并不会因此就消失，他还是会害怕或生气。而且还会让孩子觉得我不能表露出任何不良情绪，否则大家就会不接受我、不爱我。

那么，究竟该如何和孩子在同一个情绪频道上进行交流呢？

如果你想放松、专注地和孩子交流，那你就要有相应的姿态。和他的眼睛平齐，认真看着他的眼神，让孩子觉得你很在乎他的想法，并愿意在这上面花时间。

要去观察孩子的行为，懂得用同理心并站在孩子的立场上体会他们所处的情形，懂得用安慰性的话语，不带批评色彩地去回应自己听到的一切，懂得帮助孩子识别自己的情绪。最重要的是，要用自己的心去感受孩子体会到的一切。

比如，孩子从学校回来，很难过地跟你说：“今天在学校，他们都不跟我玩。”用同理心去倾听和反馈的家长可能就会这么说：“你是说今天在学

校，你想跟小朋友们玩，结果没有跟他们玩在一块，你觉得很难过是吗？”

父母这么说，就对孩子表达出了“我很在乎，也很重视，同时我还理解了你的感受”，这会激发孩子想多说一点，尤其当他情绪还特别激动的时候。他知道自己被父母理解了，他就会想说，“对，就是这个意思，当时发生了什么什么事情，后来我怎么怎么做了，结果他们误会了我什么什么，因此我后来怎么样怎么样了……”当孩子知道自己的情绪被父母所重视，也被父母所理解的时候，他就愿意跟父母透露更多。而这对父母来说是难得的机会，可以更了解孩子，因为只有了解孩子才能够帮助孩子。

第四步：帮助孩子表达情绪

有时候我们会发现，当孩子在遇到问题产生情绪的时候，他不知道应该怎样表达自己的心情与处境，只会用哭叫或生气来表达。这个时候，父母要帮助孩子为他的情绪贴上标签，也就是为心情命名。

比如，我本来答应了及及带他去游乐园玩，但是因为工作要临时出差，没办法陪他去，他一个人跑回自己的卧室，抱着玩具熊不理我。我会说：“宝贝，你生气了？因为你觉得妈妈答应你，要带你出去玩的，但是妈妈今天出差不能去，所以你很生气，对吗？”

我们这样做可以帮助孩子把心里那个不愉快的情绪，清楚地用情绪词语标识出来。只有当孩子学会表达情绪，我们才能够帮助孩子划定界限，学习情绪管理，帮助孩子认识到，其实生活中本来就存在着各种各样的情绪，甚至会同时感受到多种不同的情绪，这些都是很正常的。

研究表明，帮助孩子为自己的情绪命名，对孩子大脑神经系统有着明显的安抚作用，能够帮助孩子更快地从不愉快的状态中恢复心情。孩子能精准地表达自己的感受，对他的情商发展也会有更好的促进作用。

第五步：划定界限，指导孩子自己去解决问题

划定界限这一步可以分成四个小点：划定界限、确认目标、思考可行的解决方案、协助孩子选择一个方案。

乍一看，你可能会觉得这个过程相当复杂，很难上手操作，但是当你实际操作起来，你会发现整个过程其实是很自然和轻松的。

在这个步骤里，关键词是解决。然而对孩子而言，解决问题往往是从为正确行为和不良行为划定界限开始的。

比如，当孩子感到沮丧时，他可能会通过撕书、弄坏玩具，甚至动手打小伙伴等行为来表达这种消极的情绪，这就是不良行为。

美国著名教育心理学家吉诺特博士曾说：“要让孩子明白，自己的情绪并没有问题，出问题的是他的错误行为。”对于家长来说，理解这一点很重要，对孩子的情绪我们要认同，但是对他表达情绪的不良行为我们要制止。我们要指引孩子想出其他更适合的方法来处理这些消极情绪。

1. 划定界限

划定界限之前，要和孩子一起来制定规则。我们要清楚地告诉孩子，他的行为是有界限的。吉诺特博士建议父母为孩子的行为划分三大区域：绿色区域、黄色区域和红色区域。

父母可以根据自己的价值观为孩子设定界限。其中绿色区域是家长希望并认可的行为；黄色区域属于家长不认可，但基于某些原因会选择包容的行为；红色区域则是无论如何都不会容忍的行为。

为不良行为划定界限时，我们应该让孩子知道，遵守或违反规定会有什么样的后果。比如，好的行为可以得到父母的肯定、赞扬，甚至是一些特权或奖励；相反，不良行为得不到父母的赞许，也不会有任何奖励。

如果家长每次都能公平、一致地应对不良行为，孩子也会配合父母，做出改进。

认可的行为

不认可，但是会包容的行为

不会容忍的行为

2. 确认目标

在感同身受地倾听、为情绪贴上标签、划定界限后，我们接下来要做的是确定解决问题的目标。

在孩子表达自己感受的时候，我们不妨多问一些开放性的问题，比如“你觉得是什么让你生气”“今天发生了什么事让你变得焦虑”等。

试着介入一些自己的想法，来引导孩子找出这种感觉产生的缘由，让孩子自己说出是什么事情让他产生这样的感受，以及让他去思考该如何处理这些问题。

围绕情绪产生的问题，倾听孩子的想法，然后确定解决问题的目标。只有目标找对了，我们才可以切实地帮助孩子解决他的问题。

3. 思考可行的方案

确定目标之后，我们要和孩子一起寻找解决问题的方法。

对于年龄小的孩子来说，想出不同的解决方案是一件很难的事情，家长要通过自己的见解和想法帮助孩子去思考解决方案，不要急于把主动权从孩子手里抢过来，应该鼓励孩子通过思考得出自己的想法，这样他才能学会在以后遇到问题的时候如何去处理。

对于大一点的孩子，我们可以一起进行“头脑风暴”，提醒孩子把过去的经验和好的方法与目前正面临的处境联系起来，与他们一起想出尽可能多的解决方法。而且，我们可以把想到的方案写在纸上，让孩子感受到父母对这个过程是很重视的。

4. 付诸行动

找到解决问题的方案之后，鼓励孩子去选择一个或多个方案，并付诸行动。

尽管我们想帮孩子选出正确的方案，但是要懂得孩子也需要在错误中学习、成长。如果孩子倾向于选择一个不会成功但也无害的方案，那不妨让他试一试，如果失败了，鼓励他接着尝试下一个方案。

孩子选择了方案，我们要帮助他安排好具体的计划，让方案顺利进行。若方案没有成功，要帮他分析失败的原因。接下来，可以重新选择解决问题的方法。这个过程会让孩子明白，就算失败了，也不代表自己的努力完全是徒劳的。要让他明白，这是学习过程中的一部分，每一次调整都会让他离成功更近一步。

孩子在成长过程中会向我们抛出各种各样的情绪问题，这是他成长必然要经历的，也是我们养育孩子必须要解决的。当我们明白了孩子情绪产生的原因，我们会发现，其实孩子并不是我们想象的那样不讲道理、难以沟通。通过科学有效的情绪管理，帮助孩子在碰到问题的时候，正确面对自己的情绪，妥善解决问题，一切养育难题都会变得不再棘手，而孩子也能从中获得成长。

拆为我用 静下心来想一想，你家孩子最近情绪如何，有需要解决的问题吗？

教养方式

找准父母与孩子相处的正确模式

父母的教养方式对孩子心理的形成、性格的发展起着十分重要的作用，并且间接影响着孩子的很多方面，包括智力的发展、身体的发育、习惯的形成、道德品质的发展及学习观念的养成等。正确的教养方式可以有效促进孩子的健康成长和发展，有利于孩子自主学习力的培养。

四种常见的家庭教育方式

1. 专制型父母

专制型父母有以下几个明显特征：

（1）认为孩子应该被看到而不是被听到。孩子需要被看管，被盯着，孩子本身的想法不重要。

（2）不考虑孩子的感受，对孩子的教养持支配和拒绝的态度。专制型父母不鼓励孩子与他们有不同的看法，过多干涉和禁止孩子的行为，不民主，不通情理，不尊重孩子的需求。

（3）当孩子质疑规则背后的原因时，会说“因为我这么说过”。他们对谈判不感兴趣，他们的重点是服从。

（4）不允许孩子参与解决问题的挑战或障碍。相反，他们制定规则并强制执行结果，很少考虑孩子的意见。

（5）可能会使用惩罚而不是纪律。因此，他们不是教孩子如何做出更好的选择，而是让孩子为自己的错误感到后悔。

在专制型父母的严格管教下长大的孩子往往在很多时候都遵守规则，但是他的服从是有代价的。

专制型父母的孩子更容易出现自尊问题，因为他们的观点不被重视，他也更有强烈的失败感，他容易变得顺从，唯唯诺诺，缺乏朝气，创造性受到压抑，不主动，容易焦虑，情绪不安，团队协作能力较差。

在这种家庭成长的孩子也可能变得充满敌意或咄咄逼人，他常常把注意力集中在对父母的愤怒上，而不是考虑如何把事情做得更好。专制型父母通常很严厉，他们的孩子长大后可能会成为很好的说谎者，以避免受到惩罚。

2. 权威型父母

以下这些行为是你经常坚持的吗？

（1）你花了很多精力和孩子建立并保持积极的关系。

（2）面对孩子的不同意见，积极解释制定规则背后的原因。

（3）执行规则并给出结果，但会考虑孩子的感受。

如果这些说法听起来耳熟，你可能是一位权威型的家长。

权威型父母尊重孩子，对孩子有较高的期待，认同孩子的感受，同时也清楚地表明规则与自己的立场，但他们也会考虑孩子的意见。

权威型父母会投入时间和精力来预防孩子不良行为的发生。他们会使用积极的策略来强化良好的行为，比如表扬和奖励。

多项研究表明，权威型父母教育出的孩子最有可能成为负责任的成年人，

他会很乐意表达自己的观点。

在权威型的教养方式下，孩子一般发展得会很好。他积极主动，独立，有目标感，有责任意识和担当，能与人进行良好的合作。

在权威家长管教下长大的孩子往往是快乐和成功的。他更有可能擅长自己做决定和评估安全风险。

3. 宽容型父母

宽容型父母有三大特质：

（1）制定规则，但很少去执行。

（2）面对孩子的错误，态度上宽容，但不去带孩子解决问题，没有给出结果。

（3）生活规律上太过宽容，认为孩子在不受干扰的情况下自由自在才是最好的。

宽容型父母总是抱着“孩子就是孩子”的态度，当他们制定规则时，可能不会坚持去让孩子遵守规则。如果孩子央求他们，他们可能会给孩子一些特权，或者如果孩子口头答应他们的要求，他们可能会允许孩子下次再遵守约定。

宽容型父母通常扮演的是朋友的角色，而不是父母的角色。他们经常鼓励孩子和他们谈论他的问题，但他们通常不会花太多精力去劝阻糟糕的选择或不良行为。他们避免与孩子有冲突。

宽容型父母养育的孩子容易没有规则感、界限感，上学之后容易成为“问题学生”。他可能表现出更多的行为问题，因为他不欣赏权威和规则。

他可能因为父母的过度溺爱而变得缺乏耐心和毅力，做事缺乏自控力，总希望投机取巧。表现在学习上，就是他缺乏学习的动力，总是拖拖拉拉，想以学习为借口向父母索要物质奖励。

这种家庭里的孩子也有更高的健康风险，比如肥胖，因为宽容的父母很难限制孩子对垃圾食品的摄入量。他更有可能有蛀牙，因为宽容的父母通常不会让孩子养成良好的习惯，比如刷牙。

4. 忽视型父母

忽视型父母确实是存在的，而且比例还有上升的趋势。由于工作忙碌，生活压力增大，许多父母缺席孩子的成长，不参与孩子的成长，即使和孩子生活在一起，也仍然如此，而这是一种最糟糕的教养方式。

忽视型父母有以下几个特点：

（1）不会问孩子关于学校或家庭作业的问题。

（2）很少知道孩子在哪里或他和谁在一起。

（3） 没有花时间和孩子在一起。

忽视型父母往往对他们的孩子在做什么知之甚少，对孩子几乎没有什么规则。孩子得不到父母太多的指导，与父母之间关系疏远。

忽视型父母希望孩子自己照顾自己，不会花太多的时间和精力来满足孩子的基本需求，也缺乏关于孩子发展的知识。他们往往被其他问题压得喘不过气来，比如工作、支付各种生活开销和管理家庭事务等。

忽视型父母养育的孩子可能会在自尊问题上挣扎。他往往在学校表现很差，容易频繁出现行为问题，自我认同感和幸福感也较低。

一项对 351 所小学 11~12 岁的学生和他们母亲的调查研究发现，权威型父母教养出来的孩子在学习中有较强的自信心，相信凭借自己的努力可以克服困难，在自主学习与时间管理上也有着较强的能力。而忽视型父母教养方式下的孩子在学习能力与时间管理方面呈现负面影响，专制型父母教养方式下的孩子在自信心、时间管理与学习能力上也有轻微的负面影响。

我们希望你xxx

权威型父母

高期待　标准清晰　民主

你必须xxx

少威胁
少体罚
多倾听
多鼓励
多了解

专制型父母

清晰的规划　惩罚　专制

正面管教
和善坚定

多陪伴

没事的 下次注意

就是就是

宽容型父母

低期待　避免冲突　接受

? ?

忽视型父母

付出时间少　不管　缺席

权威型父母对孩子成长最有利

一项以 177 位来自中国四年级的孩子和他们的父母为研究对象的研究发现，专制型的教养方式对孩子的自主学习力产生明显的消极影响，宽容型的教养方式对学生的自主学习力可能会产生轻微但不显著的负面影响。

权威型父母与专制型父母看起来有些相似，其实是有本质区别的——在于是否考虑孩子的感受与意见。权威型父母与专制型父母都会有自己的原则和立场，但是专制型父母要求孩子无条件服从，非常严厉，不考虑孩子的感受，他们控制孩子的方法包括但不限于威胁、强迫、惩罚等，而权威型父母

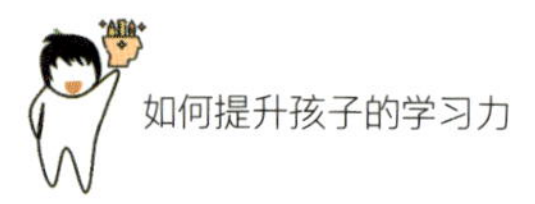

会聆听孩子的想法和感受，确保孩子能够获得足够的支持和帮助，不主张体罚等方式。

需要注意的一点是，每个家庭的教养方式会偏向于其中的一种或两种，或者以上方式混合的情况。这就使得父母对号入座的时候会出现偏差。

比如，我有一位朋友，他从小生活在严重专断的环境中，当他自己做了父亲后，给孩子的自由度相对大一些，允许孩子去玩，满足孩子的一些需求。他认为自己是权威型父母。但其实他还是专制型的，只是比自己的父亲有进步而已。因为除了给孩子一定的自由，不会棍棒打骂，他在日常教养中仍然不自觉地在用一种武断的方式对待孩子，很少给孩子选择的余地，也不怎么倾听孩子的心声，所以他给孩子的“自由”只是他自己认为的“自由”。

还有一个问题，几乎没有人会主动承认自己溺爱孩子，最多就是说对孩子有点宠着。其实，宽容型父母常常认为自己在很小心地呵护孩子。因为这个判断偏差，他们也就不会主动去改变自己的教养方式。

那么，到底如何判断自己的教养方式是否出现了问题呢？有一个简单的办法可供参考，那就是对照上文中孩子的发展特征，看看在自己孩子的身上是否有明显的体现，然后父母可以借此及时修正自己的教养方式。

如何才能成为权威型父母

如果你是专制型父母，从今天开始，你可以尝试多聆听一下你的孩子的话，多了解一下他的想法，甚至尝试鼓励孩子说出自己的想法。从今天开始，你少用体罚、威胁等方式，多给孩子解释规则背后的原因，而不是“你就应该怎么样怎么样……”当孩子遇到问题的时候，蹲下来给孩子一个微笑或拥抱都是不错的方式。

如果你是宽容型父母，从今天开始，就要学习如何进行正面管教，做到和善而坚定，跟孩子一起制定并执行规则。

如果你是忽视型父母，从现在开始，你就需要腾出时间和精力去关注孩子，参与孩子的成长。因为一个缺乏爱的孩子一生都会索求他人的关注，而不能真正地做自己。

拆为我用 你是哪（几）种类型的父母？如果你不是权威型父母，那你打算怎么做呢？

第二章

| 思维升级 |
让孩子从根本上摆脱学习困境

家长的一项重要职责就是让孩子明白一个人的能力和智力是可以不断提高的，所有的事情都离不开努力，世界充满了帮助我们去学习、去成长的有趣挑战，即使是犯下的错，也可以变成让人成长的机会。

新木桶法则

四个维度，引导孩子变得更优秀

我的好朋友希希毕业于北京大学法律系。有一次大家聊天时，才得知原来她上初中的时候成绩并不是特别好，当时在场的人都惊呆了，这怎么可能呢？成绩不好能上北大？

在我们穷追不舍之下，希希跟我们分享了她最后逆袭并考上北大的故事。

希希从小就特别喜欢主持和跳舞。初中的时候，市里要举办一场优秀主持人大赛，学校选了她参加比赛，她果然不负众望，获得了主持人大赛一等奖。从此以后，希希有更多机会上电视台，有更多亮相的机会，但是希希慢慢觉得，既然有更多的人知道我了，那我的成绩必须优秀，要不然被人知道自己成绩不好多没面子！

另外，主持人大赛获奖的经历也让希希觉得，只要她努力，成绩一定能够提高。

带着一股倔劲，加上勤奋，最终希希考上了北京大学。

希希的逆袭故事，其实就是通过优势让自己变得更加优秀！

很多家长在谈到如何帮助孩子取得进步、变得更优秀的时候，往往想到的是改掉缺点，或者改善弱项，毕竟著名的木桶理论告诉我们，木桶里面最

短的那块板会影响一个人最后的表现。但是，木桶能够装多少水，不光取决于最短的那块板，更取决于木桶有无缝隙，若有缝隙，木桶中的水将逐渐泄出。孩子的成长是一个多方面发力的过程，需要关注的绝不能只是一个部分。这被称为新木桶理论，它主要包含四个维度：

（1）盲目纠错，阻碍孩子成为领域内高手。

（2）扬长优势，让优势化为成长动力源。

（3）扩大底板，底层能力是成功的基础。

（4）加强桶箍，会整合才能变得更优秀。

盲目纠错，阻碍孩子成为领域内高手

家长把大量的注意力、焦点放在了提升孩子的不足上，实际上是一种持续纠错，这样做确实能让孩子在某一方面的能力得以提升和改善，但是不会让孩子因此变成一个卓越或成功的人。

美国的一所大学为了了解如何快速阅读，做了一个为期三年的研究。研究人员对 1 000 多名读者的阅读速度和理解能力进行测试，最后获得了一个戏剧性的结果：

在没有教授任何方法的前提下，一般读者每分钟读 90 个字，而优秀读者每分钟读 350 个字，已经拉开差距了。后来，在教授了快速阅读方法之后，一般读者增加到了 150 个字，增加了近 1 倍，但是之前读了 350 个字的优秀读者增加到了 2900 个字，增加了 7 倍多。

一开始几乎所有人都认定水平较差的读者进步会更大。但是事实证明，在自己擅长的领域内，投入回报率才是最大的。而且，在自己不擅长的地方经历过无数的纠错后，孩子可能对自己失去了信心和耐心，反而陷入更深的自卑甚至绝望当中。

由此可见，盲目纠错反而会阻碍孩子成为领域内的高手，那正确的纠错方式是什么呢？答案就是：家长需要找到孩子的优势，投入时间，根据反馈结果，再进行刻意练习。

扬长优势，让优势化为成长动力源

关于这个问题，我们需要拆成三个方面来看：第一，什么是优势？第二，家长如何发现或判断孩子的优势在哪里？第三，如何让优势化为孩子成长的动力源？

我们先来看什么是优势？

在生活中，人们常常关注的是表现优势，也可以称之为生理优势和技能。当孩子被问及你的优势是什么的时候，很多孩子会说“我跑步快，我喜欢画画，我记忆能力好或我语文很好”等。其实，科学研究表明，有些性格上的优势也可以帮助我们更好地与他人合作，最终解决问题。总而言之，优势可以是技能、能力、兴趣、特点或天赋等。

家长如何发现或判断孩子的优势在哪里呢？我们先来看两个小案例。

小敏，5 岁开始，爸爸给她请了小提琴老师，现在已经学了 7 年了，琴拉得不错，但是没有激情，每次都不是特别愿意去上课。

小杰，10 岁，特别喜欢画画，每天都会抽出时间来画画，虽然跟老师学画画有 1 年多了，但是进步不明显，画的画也不太好。

你认为案例中的两个孩子身上具备优势吗？似乎都不太具备。小敏虽然琴拉得不错，但是由于缺乏热情，不会去主动练习，以后也不太可能会在这个领域持续学习。小杰虽然对画画有热情，但是可能没有找到好的方法或技巧，目前看来，画画还没有成为他的优势。

怎么找到孩子的优势呢？我认为需要三个必备条件：

（1）孩子擅长做某事，对比同龄人或自身其他方面，有优异的表现。

（2）对某种事物天生充满了激情。

（3）愿意投入时间，并为之努力。

帮助孩子找到他真正的优势所在，我们才能更好地去帮助他，在孩子的成长过程中，抓住甚至创造机会，让他的优势得以施展，并且获得持续良好的正向反馈和成功体验。

《零零后》这部纪录片记录了孩子们真实的成长经历。故事中的池亦洋学习成绩不好，学业受挫。在一个偶然的机会，他接触到了橄榄球，从此找到了自己热爱的运动与未来的人生目标。他虽然在生活中屡屡受挫，比如早恋被批、申请美国学校遭拒等，但是这些事情并没有影响他对橄榄球的热爱。在父母的鼓励与支持下，池亦洋赛场下刻苦训练，赛场上努力拼搏。最终，努力得到了回报，2016 年暑假，池亦洋入选国家队，代表中国出征世界橄榄球青年锦标赛。之后，他通过了美国某大学的申请，顺利赴美读书并加入该校的橄榄球俱乐部，他期待学成之后回国，将推广橄榄球这项运动作为自己的事业。

这个真实的故事告诉我们，家长需要发掘和培养孩子的优势，支持孩子，给予孩子展示优势的机会，纵然孩子在成长过程中会遇到各种挫折，但是他的热情、专业、兴趣，以及所获得的成功经历，会化为成长过程中的动力源并持续为孩子补充动力，让他变成更加优秀的人。

扩大底板，底层能力是成功的基础

一只没有桶底的木桶肯定是无法盛水的，而不结实的桶底，会在木桶盛水量不断增加的过程中，因承受不了增大的压力而破损。因此，一只木桶能盛多少水，除了桶的高度，还取决于桶底的承受力。

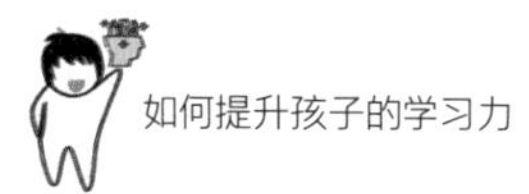

对于孩子而言，知识与技能就是他的木桶底板，也称为底层能力，它们是孩子未来成功的基础。撇开知识与技能来谈思维、能力的培养都是空洞的。

学校的基础教育课程，就是为建构孩子的这些底层能力而服务的。语文课教会孩子如何把文章读懂、理解透彻，作文课教会孩子如何去讲好一个故事，如何去表达自己的想法，这也有利于孩子共情能力、人际交往能力的培养。数学课则锻炼孩子的逻辑思考能力，并且数学题的求解是从已知到定论的整个过程，要掌握各方面的相互联系，因此数学教育能够培育孩子的全局意识。

知名职业规划师古典老师曾提到，他有个大学同学的外甥不愿意参加高考，打算出去环游世界，做建筑师。这个孩子很清楚自己要做建筑师，并且发现建筑师和当前的课程一点关系都没有，他觉得天天做高考卷子对于成为建筑师实在毫无意义，甚至是阻碍。

古典老师当时是这么跟这个孩子说的："我认同你对于高考的观点，但有一点我想你也许同意，在今天的中国，高考依旧是你接触到优质的建筑专业教育的最佳路径。我们且不说你家有没有钱让你环游世界，但是其间遇到个高人愿意带你，最后发现他是建筑大师的概率太低了，而且过程不可控。因此，你需要有一个方式让自己进入大学接受专业教育。要控制这个过程，就需要控制这个途径，就需要设计几个关键节点，这些节点就叫控制点，就好像你画弧线需要先画几个点，然后把它们连起来一样。对于你来说，高考就是建筑师学习的一个控制点，也许并不是建筑师的核心，甚至有一部分是背道而驰的，但是依然是控制点，人生的每一层都要设置控制点。'中学→大学→导师→业内大师'，人生是一个自下而上的多层系统，我们没法直接跳过下一步而登顶。两点之间最近的不是直线，而是阻力最小、控制点最多的线。"

在古典老师与孩子的这一段对话中，我们可以发现，无论一个人选择什么专业，如果想接受专业性的教育，那么高考是最佳的途径。高考是一个很

重要的节点、控制点。为了顺利通过高考，孩子就必须打好底板，学好各个学科。当然，对这些学科本身进行系统性学习，也有助于提升孩子的阅读理解能力、逻辑思考能力、自我管理能力、表达力、意志力及共情力等。

加强桶箍，会整合才能变得更优秀

桶箍是各木板间紧密连接的保证，没有桶箍的话，木板不会自己直立起来，成不了木桶，也没法装水。桶箍的好坏也直接影响着木桶装水的效果。如果桶箍太松，木板间会有缝隙，木桶就会漏水；如果桶箍太紧，超出木板所能承受的强度，木桶就会裂开。

什么是桶箍呢？

如果你的优势不足以支撑你去做好一件事情，那么就需要别人的优势项来弥补。桶箍就是用来连接各优势项的。这个时候，我们就需要去发现并学

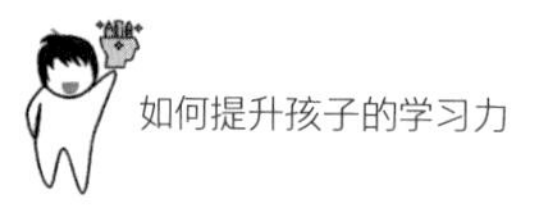

会别人的优势，整合他人的优势来实现自己的目标。

一个自身有能力、有优势的孩子如果不去帮助别人，也不寻求别人的帮助，那么他自身的成长及对社会的贡献肯定也非常有限。因此，我们需要培养孩子学会发现、整合他人优势的能力。这种能力其实就是领导力。

每个孩子都有成为领导者的潜力，只不过有的孩子可能具有更多这方面的特质。但是，无论孩子的潜力特征是什么，潜力水平怎么样，都是可以通过培养而不断进步的。

作为家长，我们应该如何来培养孩子的领导力呢？有一个 PGM 工具法很有帮助，通过科学的步骤，就能让孩子的领导能力有明显的提升。

（1）P 指的是 program，项目。鼓励孩子参与学校项目式的学习。这种项目式的学习往往需要形成一个合作小组，小组里的成员通常有一定的分工，比如，有的孩子擅长汇报，有的孩子擅长查资料，有的孩子擅长书写，有的孩子擅长协调、组织等。在合作的过程中，孩子能够充分发挥自己的优势，也锻炼了孩子了解和整合别人优势的能力。

（2）G 指的是 group，团体。在团体活动或比赛中做领导者的角色。在这些活动或者比赛的过程中，孩子会很清晰自己的角色定位，自己的优势是什么，别人的优势又是什么，如何做好团队管理，如何激励团队成员，等等。

（3）M 指 monitor，班长。鼓励孩子竞选班干部，培养服务他人的意识和能力。如果从小学到大学，孩子能够一直担任班干部及学生会骨干，领导力就会得到很好的培养。事实证明，成为班干部的孩子在一定程度上的确激发了更多的领导力潜质，包括孩子成为领导者的动机、接受反馈的能力、激发他人潜力的能力和应对不确定性的能力等。

PGM 工具法，培养孩子的领导力

P	G	M
program	group	monitor
鼓励孩子参与学校项目式学习	在团体活动或比赛中做领导者的角色	鼓励孩子竞选班干部
发挥优势 整合资源	清晰定位 管理激励	潜质发挥 能力培养

拆为我用 请结合新木桶理论，想一想如何发挥孩子的优势和领导力。

成长型思维

让孩子从错误中寻找进步的力量

记得几年前的一个夏天，我因为要加班备课，所以走得很晚，当路过教室的时候，我隐约间听到哭泣声。透过窗户，我看到班里的小楠和她的妈妈面对面站着，她妈妈手里拿着一张皱巴巴的数学试卷。这次的数学考试小楠只考了 60 多分，她很害怕被母亲责骂，把试卷捏成一团，藏在了书包的角落里，但是显然还是被前来接她回家的妈妈发现了。

小楠一边努力地解释为什么自己没考好，一边害怕地哭了起来，但是她的妈妈并没有安慰她，只是叉着腰对她吼："就知道哭，哭有用吗？早跟你说了，要好好复习，现在好了，就考了这么点分。"妈妈的吼叫让小楠越哭越厉害，最后我实在看不下去了，走进教室去安抚小楠的情绪。

其实很多时候，在孩子犯错或失败之后，我们常见的做法就像小楠的妈妈那样，对孩子进行嘲讽或拒绝孩子的情绪。我们总觉得这样做能体现出家长的权威性，能让孩子深刻了解到他的错误。但事实上，这种做法除了让孩子产生恐惧和逆反，并没有任何效果。

我们可以试着想象一下当时的场景：一个妈妈叉着腰，伸出一只手来指着孩子，问："你为什么没考好？"伸出来的手就像一根长矛，直直地指向

孩子。这时候孩子会怎么办？孩子感受到妈妈指责的力量，他就会本能地竖起一个“盾”把这个“矛”挡回去。因此孩子一定会逃避，他会说不知道为什么，或者找一些没用的理由来搪塞，例如因为肚子痛或因为别人怎么样怎么样，总之不是他的错。

小楠妈妈对待孩子没有考好的方式不过是一种常见的错误方式，其实不正确的回应方式还有好几种：

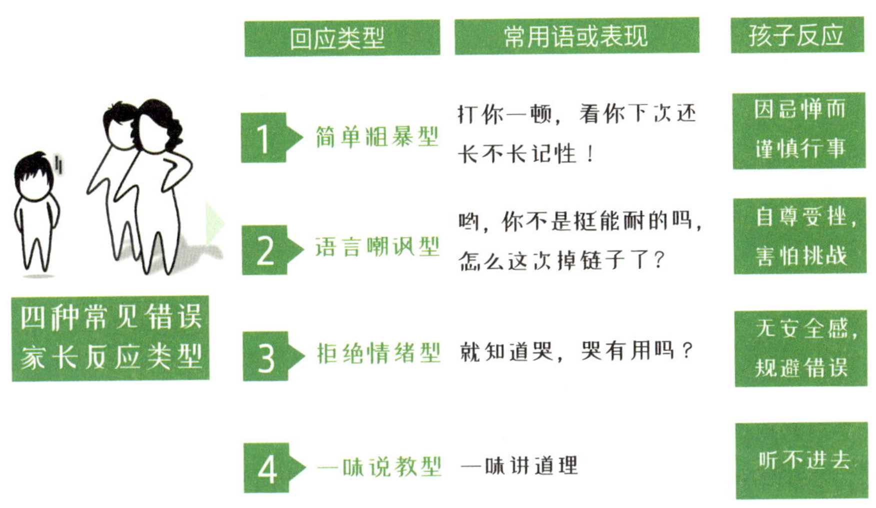

大多数家长在面对孩子犯错的时候，表现出来的经常是两种或三种回应类型的结合。

那么，在孩子犯错之后，家长到底应该怎么做才正确呢？

答案就是：用成长型思维模式教育孩子，帮助孩子从错误中寻找进步的力量。

成长型思维模式是美国斯坦福大学教授卡罗尔·德韦克提出的。她也凭借此项突破性研究而荣获全球最高教育奖——一丹教育研究奖。该项研究认为，一个人的能力和智力是可以不断提高的，所有的事情都离不开个人努力，而这个世界上也充满了那些帮助你去学习、去成长的有趣挑战，错误也能让人成长。

具备成长型思维模式的家长在看待孩子的错误时，会认为错误是孩子学习的一个好机会，能够促进孩子的成长。具备成长型思维模式的孩子也会用积极的态度看待自己的错误。他会觉得，虽然这次错了，但是以后我就知道这么做是错的，我又学到了新的本领！

与成长型思维模式相对的是固定型思维模式，这种思维模式的人会觉得智力和才能是固化的，不可以改变。他们倾向于回避挑战，痛恨变化，喜欢待在舒适区，总觉得努力是在做无用功，认为自己没有改变现状的能力。

成长型思维与固定型思维的优劣势对比不言而喻，具体到养育方式上，对于孩子的影响也天差地别。

成长型思维与固定型思维的区别除了上文所提到的，还有很多。

比如，面对批评，成长型思维的人会觉得批评是获得客观信息的一个渠道。他相信自己是处在变化和提高过程中的，因此不会觉得批评是针对他个人的行为，而是针对当前事情的。固定型思维的人敌视批评，忽略或敌视有用的正面反馈与批评。他觉得对自身能力的批评就是对他整个人的否定，这会使周围的人不再对他提出正确的意见。

面对别人成功，成长型思维的人把对方看作自己要去学习与超越的目标，会去分析别人成功的要点。固定型思维的人会觉得，别人的成功会让自己看起来很糟糕，他会试图让周围的人相信别人成功是基于运气或令人厌恶的行为。

面对失败，成长型思维的人会认为失败能促进人的成长，会让他们变得越来越好。固定型思维的人会放弃努力，寻找比自己更差的人，以获得自尊心上的安慰，甚至考虑用欺骗的方法，如作弊，让自己看起来很聪明。

在是否需要努力这件事的态度上，成长型思维的人认为努力是成长和掌

握有用技能的必经之路。固定型思维的人则认为努力无用，是不会有回报的，因此聪明的做法是尽可能地不付出努力。如果你有天赋，不用努力也能做得好，如果没有，再努力也没用。

看到这里，你肯定会觉得拥有固定型思维的人真的是太糟糕了，但是我家的孩子只是有一些小毛病而已，和固定型思维没有关系。然而很可惜，研究调查表明，真正拥有成长型思维的人只占人群比例很小的一部分，大多数人具备的恰恰是固定型思维。不过也不必太担心，因为固定型思维并不是一成不变的，我们可以通过有效的教育引导来培养孩子的成长型思维。

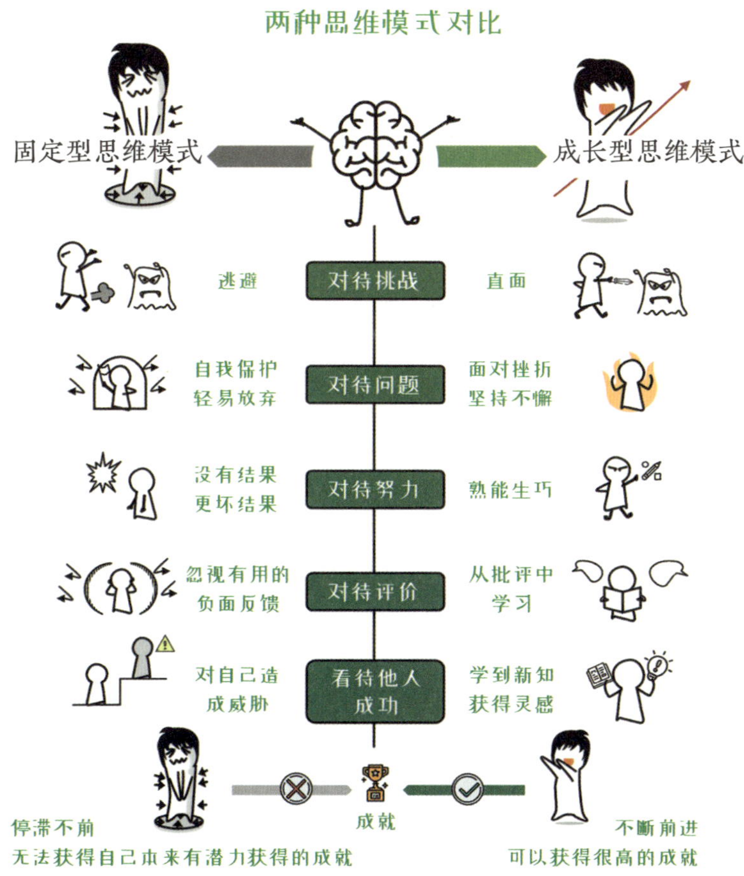

微案例：孩子打翻牛奶了，智慧的妈妈这么做

“记得很小的时候，有一次我想自己从冰箱里拿一瓶牛奶，可是瓶子太滑，我没抓牢，瓶子掉在地上，牛奶溅得满地都是，那简直就是牛奶的海洋！当时我非常害怕，但是我的母亲看见后并没有对我大叫大嚷，也没有惩罚我，她只是说：‘哇！罗伯特，你制造的麻烦可真是棒极了！我还从来没有见过这么大一汪牛奶呢！哎，反正奶瓶已经摔碎了，那么在我们把它打扫干净之前，你想不想在牛奶中玩几分钟呢？’

“几分钟后，母亲又对我说：‘罗伯特，你要知道，今后无论什么时候，你都必须把它打扫干净，并且要把每件东西按原样放好。那么你打算怎么收拾呢？我们可以用海绵、毛巾或拖把来打扫。你想用哪一种呢？’我选择了海绵，我和妈妈一起把那满地的牛奶打扫干净了。

“这还没完，等我们打扫完之后母亲说：‘罗伯特，刚才你用你的两只小手拿起大牛奶瓶子的试验已经失败了，现在我们到后院去，把瓶子装满水，看看你有没有办法把它拿起来而不让它掉下去。’

“我很快就发现，只要用双手抓住顶部靠近瓶嘴的地方，瓶子就不会从我的手里滑掉！

“从那以后，我知道我不必再害怕犯任何错误。因为错误往往是学习新知识的良机。

“科学实验也是这样，即使实验失败了，我还是可以从中学到很多东西。”

在这个案例中，这位妈妈首先将孩子的错误变成了一个游戏，这样孩子没有陷入紧张和害怕的情绪中，反而放松下来，接着妈妈让孩子思考如何弥补自己的错误，并且和孩子一起行动，最后让孩子再次操作，验证自己的反思，给孩子展示进步的机会，这样孩子就不会害怕犯错误，并且从错误中找到了进步的力量。

多项实验证明，只要学校能适当培养孩子的成长型思维模式，即使是初步介入，也能大幅改善学生的学习表现。

美国一项以七年级学生为对象的研究发现，老师在教导学生的时候，告诉他们智力是可以塑造和提升的，并为他们展示大脑是如何随着努力而成长的观点之后，学生的数学成绩都有显著提高。另外一项涉及全美 76 所公立高中 12000 多名九年级学生的实验研究表明，强调成长心态的干预训练，即相信智力不是固定的，而是可以发展的，可以提高学生考大学的成功概率。

成长型思维带给孩子的益处无须多言，然而成长型思维不是一天就能形成的，需要时间积累。作为家长，我们应该如何培养孩子的成长型思维模式呢？这里我想分享一个 TEAM 工具训练法。这种系统训练成长型思维的方法在国外已经推行开来，并被验证有效。

简单来说，不要表扬孩子对学习有天赋或夸孩子聪明，而是表扬孩子在学习的过程中非常努力，表扬他尝试了非常有效的学习方法，以及坚毅或不怕困难的学习品质。肯定孩子学习的过程，能够让他对学习本身产生更大兴趣，而不是只看重成绩。

另外，注意奖励的方式。对于学习动机非常强的孩子，不要给予物质奖励，这样做等于告诉孩子，学习本身的收获是不值得称赞的。对于学习动机不强的孩子，也应该从前期物质奖励逐渐过渡到精神奖励。

拆为我用 请列举 10 个代表固定型思维模式的句子，然后尝试着跟孩子一起修改为成长型思维模式的句子。

换框法则

成绩跟不上的孩子也能轻松逆袭

在我所带的学生中，我发现中考前三个月参加辅导的学生最多。有些家长发现孩子成绩跟不上，而且马上要中考了，就会焦虑万分，赶紧把孩子送来，想让孩子的成绩迅速提上来。还有一些家长可能会比较淡定，觉得急也没用，应该顺其自然，就算孩子遇到困难，也要让他自己去解决，不对他做出过多干涉。这种父母的教育方式大多是受到了网络上一些伪教育理念的影响，很让人揪心。

什么是顺其自然呢？比如，南瓜本来是椭圆形的，如果在外面加了一个方形的罩，让南瓜长成方形，这种改变南瓜天性的做法，我们都知道不叫顺其自然；但是，另一种情况就容易被忽视：瓜在成长的过程中，需要除草了而不去除草，需要施肥而没有施肥。瓜在成长的过程中有需要的时候，你什么都没有做，却说这是“顺其自然”，那么这个瓜肯定不能茁壮成长。

孩子也一样，当孩子因为成绩不好而饱受挫折的时候，你什么都不做，只说“顺其自然就好”，那么孩子接下来也很难取得优异的成绩。

是不是积极送孩子来参加辅导的父母就做对了呢？也不是。他们知道孩子出现这种情况是因为在学习的过程中遇到了挫折需要帮助，也在用自己的方式帮助孩子摆脱这种情况。但是因为过于焦虑，他们没有去找孩子学习成绩跟不上的原因，而以自己的方法来解决，不去问孩子真正需要什么，只是告诉孩子应该去做什么。这种教育方式看上去积极主动，但是并没有用心思考，是没有智慧的行为。

遇到这种情况，家长要先自己稳住情绪，帮助孩子找到成绩跟不上的确切原因，这样才能找到真正有效的方法来帮助孩子。这可能需要良好的沟通（可以参照第一章第二节关于四个沟通密码的内容）。通过积极有效的沟通，问题通常都能变得清晰。

至于孩子成绩跟不上的问题，大概可以分为三种情况：

（1）孩子自信心不足，学习上遇到困难总是退缩。

（2）孩子缺乏学习兴趣，学习动力不足，无法通过自主学习提升成绩。

（3）上课时无法集中注意力，理解能力差，没有掌握高效的学习方法，导致成绩落后。

关于缺乏学习动力、学习能力不足、学习方法不好的问题，在后面的章节中会提供系统的方法和工具。这里我们着重讲一下第一种情况。

孩子自信心不足，出现学习畏难的现象，可能是因为没提前预习，导致进度跟不上，又或者上了高年级之后，老师讲得太快，内容太多，造成孩子跟不上。遇到这种情况，家长首先要帮孩子疏导负面情绪，增强他们的自信心。可以使用换框法则。

首先，在孩子遇到学习跟不上的问题时，我们不要给这件事贴上负面标签。例如，当你跟孩子说“因为你没上课外辅导班，所以你跟不上”。这个“因为……所以……”的句式是一个非常定性的句子。当你把原因说得很确定了，好像没有办法可以改变，那么“所以”这个词后面的结果就像是必然结果，更没有办法改变了。

“因为”的部分你改不了，“所以”的部分你也改不了，那么这句话有

什么用呢？只会给孩子贴上一个负面的标签，除了给孩子的学习困境找一个借口，没有任何作用。

如果我们想要改变孩子的这种状况，与孩子对话的这个句式就要有所改变——打破原有的框架结构，换成新的句式。把前面的“因为”去掉，在句子的后面加“因为”，例如，“虽然你没上课外辅导班，但是你可以跟得上，因为我们可以把每一节课都先预习一下，这样上课就轻松多了”，或者可以说：“虽然你没上课外辅导班，但是你能跟上，因为你可以在家里多做一些练习。”

这种打破原来的句式框架，把负面的“因为……所以……”改成正向引导的“虽然……但是你可以做到，因为……”。这就是换框法则。

换框法则的原理就是打破原有的负面因果关系，把原来的那个“学习跟不上”变成“能跟上，因为我可以做好很多事情”，这样孩子就有了改变的方法，我们也能找到改变的力量。

为了对这个换框法则有一个更直观的了解，我们换个问题再来看看。

“孩子刚上初中，老师讲的内容一下子增多了，因此跟不上。”这又是一个负面因果关系句。初中内容太多是实情，这样说的话，“跟不上”好像也是没有办法改变的事实一样。如果这样说，这个孩子就真的改变不了了。

但是如果我们用换框法则进行转换，可以这么说：“虽然刚上初中，内容一下子增多了，但是你可以跟得上，因为刚开始的时候，我们可以增加一些学习时间，多学习一下新的科目，多做一些练习题。”又或者说：“虽然内容一下子增多了，但是你可以跟得上，咱们排好时间，每次课前做好预习，课后当天就复习，这样两个月下来就能找到感觉了。”

当孩子学习遇到困境的时候，我们要通过引导的方式与孩子一起去探讨他需要为学习做出哪些改变和准备，是要改善学习方法、学习习惯，还是时间管理模式？与孩子一起探讨，仔细思考，然后用换框法则来解决这个问题。

换框法则对于家长来说也同样适用。比如，在妈妈用换框法则与孩子沟通的过程中，她不再受负面情绪所影响，她的信念、心态发生了变化，她对孩子的期望变了，相信孩子可以做得到，那么她的神情、动作、音调都会发生改变，向孩子表达“孩子，妈妈相信你做得到！就算你暂时做不到，妈妈也相信你会找到方法来做到”。当她把这个意思传达给孩子的时候，孩子才会真的去找方法，并且去验证这些方法是管用的。

当你引导孩子找到了方法，让他自己跟上来的时候，也在他的心里种下了一种信念，那就是只要我找到了方法，我便能够跟上。以后遇到再多的困难，他都拥有逆袭的力量。

拆为我用 请你将“孩子放学后写作业没人监督，成绩不好啊”用换框法则进行修改。

逆商塑造

让孩子勇于面对学习困境

很多父母在平时教育孩子的过程中，都会有这样的疑惑：别人家的孩子在遇到学习困境时敢于去面对并克服，我的孩子在面对学习困境时为什么会出现逃避、畏难的表现呢？

其实，孩子面对困境时表现出逃避、畏难的现象，与我们平时的家庭教育有密切关系。

孩子在平时生活中，经常会遇到一些小挫折，很多家长看到孩子努力尝试却没有收获，心疼孩子的同时，总会无意识地为困难找借口，比如对他说：“任务太难了，你们老师的要求过于严格了。”这样会让孩子觉得努力是无效的，被困难阻碍的挫折感也没有被消除掉，反而容易让孩子产生习得性无助的表现，对孩子以后的学习会造成很大的影响。

什么是习得性无助

美国著名心理学家马丁·塞利格曼博士曾做过一个关于习得性无助对学习产生消极影响的实验。

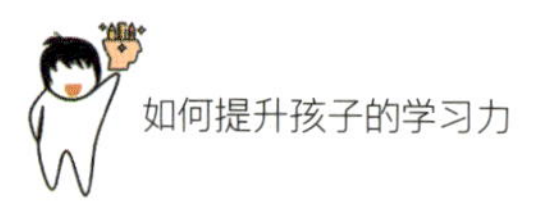

实验是在大学生中进行的，他把学生分为 A、B、C 三组：A 组的学生身处噪音环境下，无论他们如何努力也不能使噪音停止；B 组的学生也处在相同的噪音环境下，但是他们通过努力可以使噪音停止；C 组是对照组，不给他们听噪音。

当学生在各自的条件下进行一段时间实验之后，他让学生进行另一种实验：实验装置是一个手指穿梭箱，当学生把手指放在穿梭箱一侧时，就会听到强烈的噪音，放在另一侧时就听不到这种噪音。实验结果表明：A 组学生，即无论如何努力也不能使噪音停止的学生，他们的手指仍然停留在原处，任凭噪音响下去，却不把手指移到箱子的另一侧。而其他两组学生都成功地使噪音停止了。之后塞利格曼又做了多项实验，结果表明 A 组学生很难完成接下来的每一项任务。

A 组学生的这种现象，科学上的表述为习得性无助或塞利格曼效应。习得性无助的特征是，当一个人发现无论他如何努力，无论他干什么，都以失败而告终时，他就会觉得自己控制不了整个局面，于是他的精神支柱就会瓦解，斗志也随之丧失，最终会放弃所有努力，真的陷入绝望。因习得性无助而产生的绝望、抑郁和意志消沉，是许多心理和行为问题产生的根源。

习得性无助产生的过程

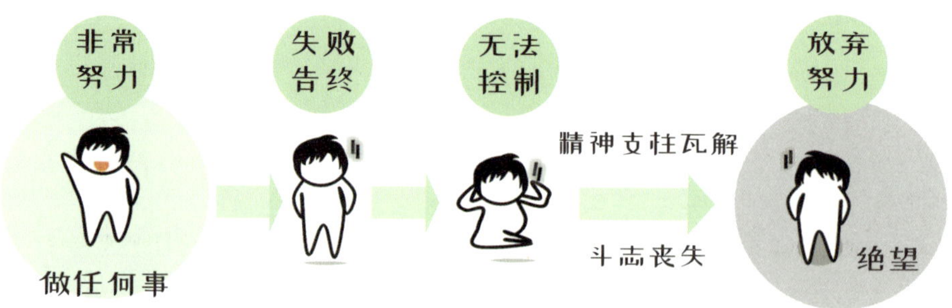

我们有时候会疑惑，为什么有的孩子敢于面对困难，有的面对困难时却出现畏难现象，答案正在于此。那些面对困难时产生畏难心理的孩子在平时学习和生活中已经不经意间受到了习得性无助的影响。

想要让孩子勇于面对并克服学习和生活中遇到的困难，摆脱习得性无助对孩子的负面影响，我们需要通过塑造和提高孩子的逆商，让他勇于面对挑战。

提升孩子的逆商

“逆商”一词的全称是“逆境商数”，也可称之为挫折商和逆境商，它是指人在遭遇困境时有着怎么样的反应方式。简而言之，就是面对挫折、摆脱困境和克服困难的能力。

一个人事业成功必须具备高智商、高情商和高逆商这三个因素。在彼此智商和情商都相差不大的情况下，逆商对一个人的事业成功就起着决定性的作用。

一项针对 40 多所学校九年级学生进行的关于数学成绩与逆商的研究结果表明，逆商对学生的数学成绩有显著的正向影响，而性别与学生数学成绩无明显关系。

作为家长，我们都希望孩子的成长能够一帆风顺，但是不管对人，还是自然界中的每一种生物来说，困难和挫折都是成长过程中必不可少的因素。就像蝴蝶一样，它要破茧而出是非常困难的，需要很长的时间将身体从茧中一点点地挣扎出来。如果这个时候你看着心疼而去帮助它，用剪刀将茧剪开，把蝴蝶放出来，那蝴蝶的翅膀一辈子都无法打开。因为对蝴蝶来说，它要通过破茧挣扎而出这个过程使体液从身体挤压到翅膀，才能在脱茧后展翅飞翔。

孩子也一样，当孩子面对学习困难时，他会痛苦，会止步不前，如果这个时候家长没有正确引导和培养孩子面对困难的勇气，让孩子一碰到困难就逃避，他内心的那种挫败感是没有办法被克服的，之后在同样的事情上会变得无能，没有力量去改变。

如何提高孩子的逆商呢?

答案就是使用LEAD工具。大量的研究数据已经证明，LEAD工具能够非常有效地帮助人提高面对逆境时的担当和掌控感，并改进应对困境的方式。

LEAD工具基于我们可以通过改变思维习惯来改变事情的成功率这个事实。这种改变是通过质疑以前的模式，并有意识地构建新的模式来实现的。

（1）listen，**倾听逆境反应。**从本质上说，倾听逆境反应意味着家长要教会孩子认识逆境。例如，孩子的逆境可能是由于考试不及格而产生的情绪低落。家长可以倾听孩子的痛苦，并鼓励他意识到这种负面事件的性质和范围，然后可以让孩子谈谈他此时此刻的真实想法，可能是愤怒、沮丧、无助、悲伤，没关系，尽力去感知就好了。

（2）explore，**探究自己应当承担的责任。**家长需要鼓励孩子澄清他应该对结果的哪些部分承担责任，哪些部分不承担责任。这里需要揭示出一种可能的倾向，即把失败的责任推到其他地方，例如考试的地点、时间或形式，或者把所有责任都推到自己身上。从本质上说，这个过程是为了鼓励孩子正确地看待问题，对结果承担起自己应负的责任，孩子才能够重新拾起掌控感，并促使自己行动起来。

（3）analyze，**分析证据。**帮助孩子审视、质疑并最终摆脱自己逆境反应中的消极部分。

我们可以帮孩子弄清，在逆境中哪些是事实存在的，哪些是自己想象出来的。因为在孩子的世界里，事实和想法常常会混淆。

同时，要引导孩子去思考：

- 有什么证据表明他无法掌控逆境?
- 有什么证据可以表明逆境一定会蔓延到生活中的其他方面?

• 有什么证据可以表明此次逆境必然会持续很长时间？

我们必须让孩子相信他可以自己控制局面，因为他是改善困境的积极因素，同时必须使孩子认识到失败的痛苦不会延长。

（4）do，**做点事情**。最后我们必须引导孩子采取行动去克服逆境。最重要的是，不可以直接告诉孩子要怎么做，而是引导他去自己选择或决定自己的行动计划。

要引导孩子自己通过清晰的思维和明智的选择，来获得对逆境形式的掌控感。可以引导孩子思考以下问题：

• 我能做些什么来减少面对困境的损失？
• 我可以做些什么来获得对形势的一点点掌控感？
• 我可以做些什么来减少困境的持续时间？
• 我首先应该做什么？我应该什么时候来做？

微案例：考试遇挫的小西想到了好办法

有一次，孩子们的期末考试结束。课间休息的时候，我问小西："考得怎么样？"她支支吾吾地说："考得不太好，才63分。"一脸失落的样子。但是她立马解释道："学校自己出题，这次期末试卷太难了，我都没做完，还提前5分钟收卷了。而且，我觉得我就是那种不擅长考试的。"

我知道小西是那种考试前临时抱佛脚的孩子，更重要的是，上次期中考试她还考了86分，这至少说明她的考试心态是没问题的。

听她这么说，好像暂时不打算承认考差了跟自己有关系。于是我问她："你们班最高分多少，80分以上的有多少人？"她说："最高分93分，80分以上的有15个人。"接着我让她把卷子拿了出来，快速地扫了一下试卷的难易程度，看了试卷上订着的一个小纸条。我说道："这个表格有单项分和全班的平均分，这道阅读回答的题大部分考细节，总分10分，平均分是6分，你得了4分，你觉得说明了什么？"

后来，我带着小西一起分析了试卷，她也终于承认是因为自己知识掌握不牢、复习不够全面及粗心等造成这次没考好。说到这里，我其实已经完成了LEAD工具中的倾听逆境反应、探究自己应该承担的责任，以及分析证据这三步了。

最后，小西也主动想到解决问题的办法，包括制订一个新的学习计划，查看过去的错题，整理相关的学习笔记，一个月之后重新做一套我给她的试卷。

身处逆境时，孩子可能很不好过，他会感觉很挫败，很痛苦。这时家长要接纳、认可孩子的情绪，然后用 LEAD 工具去引导他，教他迎难而上。只要他能够做到一次，他对这件事情就有了记忆，有了征服感，下次再碰到类似的事情，他就会有方法和力量去应对。

需要注意的一点是，小学时期是孩子建立起学习自信心的重要阶段，家长要意识到孩子学习能力的培养不是一蹴而就的，当孩子在一项能力上感到吃力的时候，不要着急，只要积极地与孩子沟通，合理运用 LEAD 工具，一定能帮孩子增强面对困难的勇气。

现在很多家长都奉行快乐教育，但是大多数人对快乐教育的理解是有偏差的，他们总觉得衣食上尽量满足孩子，娱乐上让孩子感受快乐，尽可能夸奖孩子，这样孩子才会有强大的自信心。然而，孩子的自信心不是父母夸出来的，一味说“孩子你是最棒的”，只会让孩子建立一种“虚伪”的自信。当孩子面对大的困境与挫折，发现自己做不到的时候，反而会受到更大的打击。

真正的快乐教育是要让孩子获得外界的认可，让他通过一步一个脚印、一次又一次的征服去体验成功的快感，让他做到能够按照自己的期望变得优秀，体验到自己的力量，为自己持续成长而感到自豪，感到快乐，而这也是让孩子面对困难、提高抗挫能力的正确途径。

拆为我用 你家孩子有没有遇到挫折呢？你是如何引导的？有没有更好的方式呢？

添加一芳老师微信，
一起高效陪伴孩子成长！

第三章

| 学习动力 |
四种方法，让孩子学习劲头足

想要孩子有良好的自律学习的劲头，靠监督是永远做不到的，只有内在动力爆发，才能推动他们持续向前。而父母要做的就是通过适当的方法去激发这种内在动力。

驱动法

如何为孩子选择合适的兴趣班

丹尼尔·平克在《驱动力》（*Drive*）一书里提到人有三种驱动力：一是来自基本生存需要的生物性驱动；二是来自外在的动力，也就是奖罚并存的萝卜加大棒形式；三是来自内在的动力，也就是内心有把一种事情做好的欲望。

第三种驱动力是最能激励和调动积极性的。

如何才能激发孩子的第三种驱动力呢？答案之一就是兴趣和爱好。

兴趣是指一个人趋向于去主动认识并掌握某种事物的一种积极情绪。爱好则是一个人在兴趣的引导下，经常参与某项活动，并有积极的活动倾向。

一方面，孩子的兴趣和爱好可以使他热爱生活，培养他具备一种向上的精神及能量。在这种能量的支配下，他会感到生活的充实和世界的美好，并会产生一系列积极的情绪体验。他会在兴趣和爱好的驱动下，主动地去寻找兴趣知音，结成朋友，相互帮助。

另一方面，兴趣和爱好促使他去克服各种各样的困难，培养出顽强的毅力，并沿着既定的目标奋勇前进。

在学习方面，孩子的兴趣和爱好可以开发他的智力，促使他生成积极的情绪，给予他力量，让他在面对学习难题时，能认真思考、钻研，直至攻破。

孩子的兴趣和爱好还有利于培养他的观察力、思维力、想象力、注意力和意志力。

家长发现孩子的兴趣和爱好，加以引导培养，这种顺应孩子兴趣的教育，一定比用物质奖励、诱导的功利目标所引发的动力，更加持久有力。

从孩子的兴趣与爱好出发，用课外兴趣班的形式，可以很好地激发和促进孩子的学习动力。不过，如何选择兴趣班是一件比较考验家长智慧的事。

微案例：希望钢琴消失的淼淼女儿

我的朋友淼淼和她女儿因为兴趣班的事闹得非常不愉快。她女儿觉得自己上了很多兴趣班，都是妈妈让她学的。从周一到周末，时间都被安排得满满的，舞蹈、美术、书法、英语都有，回到家还要练钢琴。有一次我和她聊天的时候她偷偷告诉我，自己最讨厌弹钢琴了，特别希望家里的钢琴消失掉；当妈妈吼她的时候，她也想让妈妈消失掉，这样她就不用再去上那些兴趣班了。

当我把这些话说给淼淼听的时候，她表示自己也很无奈。为了接送孩子去兴趣班，她也特别累，没有一天能休息。她也挺心疼孩子的，可是周围的孩子都在学，就咱们不学，比其他小朋友落后了怎么办。

许多家长往往有这样的心理，不给孩子报兴趣班就觉得对不起孩子，盲目跟风、焦虑，担心孩子以后会被别人落下，担心现在竞争压力这么大，想让孩子多学点本事，以后进入社会，自己也能更放心些。报兴趣班本来是一件帮孩子涨本领的好事，但是却把孩子和家长折磨得如此痛苦。妈妈是用心教育的好妈妈，孩子是聪明伶俐的好孩子，那么问题究竟出在哪里呢？

其实，问题还是出在父母身上，父母没有想清楚应该如何帮孩子去挑选合适的兴趣班，最终导致孩子逆反情绪严重，父母也觉得很累。

帮孩子选择兴趣班不能盲目跟风，父母需要从四个方面去考虑：

1. 孩子的年龄

不同的兴趣班对孩子在不同能力上的发展水平是有一定要求的。虽然在个体上有差异，但是总体上有一个适用于大多数孩子的区间值。

例如，让三岁的孩子学毛笔字或小提琴，这个年龄的孩子手部肌肉力量与协调能力并不能达到相应的状态，闲来无事练一下没有问题，但是如果频繁高强度地练习，孩子反而会因为吃力而丧失原本的兴趣。因此，如果孩子年龄还比较小，家长要尽量找那些没有太多年龄要求的，比如外语类的兴趣班，这种兴趣班没有年龄限制，而且研究表明，早期接触不同的语言环境对孩子之后的外语学习是有益的。

2. 孩子的性格特征

对这个问题，有的家长会说：“我们有考虑到孩子的性格特征啊！你看，因为我们家孩子太爱动了，所以我给他报了画画、钢琴这些需要安静坐着的兴趣班。”或者说：“我们家孩子特别害羞内向，因此我特意给他报了足球班和朗诵班，让他可以多和其他孩子接触。”

家长们的这些考虑不能算错，问题在于爱动的孩子是否有足够的其他时间给他释放；这些“安静类的”兴趣班中，老师是否会根据孩子个性的不同而在教学过程中做出适当调整；学习过程是否有趣，是否能让孩子有成就感

和满足感。

如果家长不考虑这些因素，一味地想借助外界压力来抑制孩子的本性，那么孩子在兴趣班的学习过程肯定是压抑、沮丧和痛苦的。

对于一个有社交障碍的孩子，他本来就很害怕与其他孩子发生肢体碰撞；又或者当老师让他当众说话、朗诵诗歌时，他的内心会非常焦虑，这些会让他对兴趣班充满厌恶情绪。家长很快发现，孩子会用各种方式抵制去兴趣班。

作为家长，我们如果希望通过外界力量来帮助孩子改变劣势，那么首先要为孩子建立一个缓冲地带，让孩子有时间去慢慢适应，而不是直接把孩子丢到他非常紧张害怕的区域，这样做只会适得其反。

正确的做法是，我们先带孩子去接触类似的环境，并给予孩子情感上的理解与支持，适时适度地去鼓励和引导，让孩子在缓冲地带逐渐适应和改变之后，再用兴趣班的环境来对孩子进行强化，这就是心理学中的脱敏疗法。

3. 孩子的兴趣和优势

兴趣和优势是帮孩子挑选兴趣班的关键，也是最重要的一点。培养孩子的兴趣和优势可以极大地延长孩子自身的“长板”。在同等的时间投入下，在自己擅长与感兴趣的领域内取得的成绩与回报才是最大的。这种大幅度的进步和超越会让孩子在学习的过程中获得充分的满足感与成就感。而这种满足感与成就感会让孩子在享受学习过程的同时，激发学习内驱力。

然而，因为经济条件有限，孩子的精力和时间也有限，我们不可能让孩子尝试所有的兴趣班，所以在选择的时候，孩子的兴趣通常会是我们的首选项。但也可能出现这么一种情况：孩子没去之前表示很感兴趣，但是上过几次课之后又不想去了。父母应不应该让孩子坚持呢？

这种情况在生活中太常见了。对于这个问题，我的建议是，要先为孩子

设置一个障碍，这个障碍是要起到一个试金石的作用，来确认孩子对某种兴趣的意愿强度。

比如，二年级的小明对妈妈说他想学小提琴，作为家长，妈妈在听到孩子的这个请求时，先不要立刻答应，因为妈妈不清楚学小提琴是孩子一时的冲动，还是他真的对这件事充满强烈的兴趣和意愿。这个时候，妈妈就要为孩子设置障碍。

在孩子第一次开始要求学琴的时候，妈妈可以告诉孩子，小提琴很贵，对家里的经济情况是个挑战。一定要注意，不要粗暴野蛮地拒绝孩子，要耐心地跟他说明原因。

如果过了一段时间，孩子再次表示想要学琴的意愿时，妈妈可以给孩子讲，学琴的费用也很贵，一节课要几百块。如果过了一阵，孩子仍然明确表示还是想学，那妈妈就要切入正题，郑重地和孩子谈，学琴每天至少要花一个小时，如果你想学，可以，但是要保证完成每天的功课。

这样三次试探之后，我们既可以试探出孩子对兴趣的意愿强度，又可以让孩子觉得这个机会是自己好不容易争取到的，会更加珍惜和有耐心。

如果过了一个月之后，孩子提出不想学，不想坚持，那很可能是孩子遇到学习上的困难或瓶颈了。家长要做的就是和孩子、老师一起分析解决学习上的问题，比如对任务难度进行分解，逐步完成，多花时间进行刻意练习，可以参考我们之前提过的 LEAD 工具。帮助孩子战胜挫折之后，孩子往往就能继续坚持了。

兴趣和坚持其实是不可分割的，很多时候，在坚持的过程中获得了成就感，孩子可能就喜欢上了，就更有坚持的动力了。

4. 家庭经济情况

这一点虽然放在最后面，但是其重要性和前面几条是一样的。现在很多

家长存在一种情况：本身家里经济情况已经非常紧张了，但是为了不让孩子被同龄人落下，即使在生活费上精打细算，也要咬牙坚持送孩子去上各种兴趣班。

如果孩子上兴趣班造成了家里经济紧张，家长压力增大，对生活产生焦虑，这种情况下，家长很容易把家庭的压力转移到孩子在兴趣班所取得的成绩上，过度关注孩子在兴趣班的状态，从而造成家庭气氛紧张、亲子关系不和谐等现象。

其实，不管是兴趣班还是培训班，对孩子来说更多的是一种锦上添花，如果因此导致家庭生活紧张，亲子关系受到影响，那真的是一种舍本求末的行为。毕竟，和谐的亲子关系才是培养孩子学习力的基础。

拆为我用 请从四个角度去梳理现在你给孩子报的兴趣班，以及兴趣班对孩子的学习和生活产生了哪些影响。

动力三感，提高孩子内在学习动力

我曾经问过我的导师龚仁崇教授（动机和积极心理学的专家）一个问题：“如果只参考一个理论来增加孩子的内在动力，那您给我推荐哪个理论呢？”他当时毫不犹豫地对我说：“自我决定论。”

自我决定论是由知名心理学家德西和瑞安共同提出的，它强调自我在动机过程中所起到的能动作用。经过大量的实验与数据观察，德西等人认为自我决定是一种经验选择的潜能，它是人在充分认识到自身需求与环境信息的基础上，对自身行为所做出的自由选择。

通过自我决定理论，德西等人将人类的行为分为两大类：自我决定行为和非自我决定行为。

自我决定行为符合人类个体的天性，当一个人从事某项活动不是为了完成某个外部目的时，更有可能激发内心的力量，并认为能借由做这件事达成满足感或更快乐。

例如，同一个年级的两位学生阅读同一本书，自己选择阅读这本书的人会读得津津有味，而被当作作业来完成的人更容易敷衍了事。

事实上，自我决定论已经得到教育学术界的广泛认可。基于大量的实验数据证明，在教育情境中，内在动机和自主类型的外在动机都有助于提升学生的参与感，提高学习效率和效果。

如何通过自我决定论来提高学生关于学习的内在动机和自主型外在动机呢？这需要从人的三种基本心理需求出发，分别是自主的需要、能力的需要和归属的需要，如果这些需要得到满足，那么人就会更加主动、积极和愉快地工作和学习。其中自主性非常关键，自主性越强就越能激发出动力。

此外，自我决定理论可以有效地促进学生在学习、学业表现和幸福感方面的自主与自律。

根据自我决定理论，关于内部动机，我们可以从三个方面来提高，分别是胜任感、归属感及自主感，我们不妨管它叫“动力三感”。

胜任感，让孩子收获自信

胜任感就是让孩子在学习或其他活动中，能够有机会去锻炼和表现自己的才能，感觉自己能胜任。比如，孩子会打篮球，家长可以鼓励孩子参加小区或学校举办的篮球比赛，让孩子去充分表现自己的才能。孩子收获自信的同时，也更加能够将打篮球这项运动坚持下去。

我曾帮一位学生提升胜任感，找到内在学习动机，其成绩取得了巨大进步。

微案例：考试成绩提高了 54 分的小宇

2012 年的时候，小宇的妈妈找到我，一定要让我给小宇补课。那时候，小宇刚结束初三上学期的课程，120 分的英语试卷只考了

52 分，离及格都还远。从分数上来看，很明显可以判断出这个孩子的基础知识不是很扎实，于是我带着小宇一起做了一个英语的学习计划。

第一阶段的目标是寒假结束以后，开学考试能考到 72 分以上，刚刚及格。寒假期间，我按照小宇的水平，带着他对不熟悉的知识点逐一进行讲解并做巩固练习。小宇课下的作业完成得很棒，由于上课他认真听讲，我留的作业又是跟课堂内容相关的，因此小宇对于作业非常有胜任感。

就这样按部就班地经过了一个寒假的学习，开学考试小宇考了 83 分，这大大增加了他的自信心和对英语学习的胜任感。于是，我们又一起制定了 5 月份中考一模的目标为 96 分，结合小宇 83 分的试卷，我重新调整了上课的内容，小宇配合得也很好，一模的时候也算基本完成任务，考了 95 分，小宇也越学越有劲，最终小宇英语中考考了 106 分。

在小宇的案例中，我们看到了不断体会到胜任感对一个孩子学习的重大意义。对于即将迎来中考的孩子，如果没有持续的分数提升，我们很难为孩子传递出他能行的信号，也就不会让他体会到胜任感，当然也很难让孩子产生可持续的内在学习动力了。

作为家长，我们怎样培养孩子的胜任感呢？我认为有三点非常重要：

（1）创造机会去“用”你的孩子。但凡孩子力所能及的事情，家长就应该放手让他去做。家长不要剥夺孩子通过自己劳动获取成就感和幸福感的权利。其实，很多家长就是不愿意“用”孩子，或者说很担心自己的孩子受苦受累，很多事情宁可自己做也不让孩子去做。这样做其实是剥夺了孩子动手实践的机会，也剥夺了孩子获得胜任感的机会。另外，如果总是让父母去付出，去为孩子创造，孩子可能就一味地接受这种过程，等到孩子长大之后，他也不太愿意去为别人着想。

（2）家长可以鼓励孩子完成有一定挑战，但是难度系数不大的任务。当任务难度特别低的时候，非常容易完成，比如让高中生去做小学生的题，他会觉得简直是小菜一碟，他们做这个题的时候是不会产生胜任感的。但是如果任务难度系数过大，比如让小学生去做高中生的题，孩子完全不会，也是很难产生胜任感的。因此，我们要鼓励孩子去完成一定的挑战，保证这个任务难度系数正好在他可以够得着的范围。关于这一点，也可以用 LEAD 工具去鼓励孩子战胜挫折，提高他的逆商。

（3）要恰当地奖励孩子。什么叫恰当呢？我们先看下面几个选项：

A. 孩子你太聪明了！

B. 孩子你太棒了，你是世界上最棒的！

C. 孩子，妈妈发现你克服了粗心的小毛病，有进步！

D. 孩子，妈妈发现你画的画很仔细，没有忘记远处的山坡和湖！

A 选项中夸奖孩子太聪明了，是不合适的。如果我们经常夸奖孩子聪明，孩子可能会非常开心，但是这样会带来一个问题，就是在经常受到类似的夸奖之后，孩子可能不太愿意去完成一些有挑战性的任务，因为孩子会担心挑战失败，让大家觉得他并没有那么聪明。

B 选项是生活中很多家长可能选择的夸奖方式，但科学研究表明，这种没有任何着力点的夸奖，对孩子是没有帮助的。

C 选项中妈妈夸奖孩子克服了粗心的小毛病，有进步，这种夸奖的话非常具体，而且鼓励孩子克服了粗心的小毛病。

D 选项中的夸奖仔细、到位，这种具体的称赞会让孩子感受到妈妈在真心夸自己，而不是在敷衍。

归属感，让孩子感到安全

归属感也叫关联感，是指个体感觉被别人或被团体所认可与接纳时的一种感受。归属感既包括个人（父母或其他家人）的归属感，又包括对某一群体的归属感。

建立归属感可以让孩子在活动中学会关心他人并察觉到被他人所关心，这种相互的关心会让孩子对他人或团体产生安全感，与别人建立起安全和愉悦的人际关系。

著名心理学家马斯洛在“需要层次理论”中认为，归属与爱的需要是人的重要心理需要，只有满足了这一需要，才有可能自我实现。

我国的《3～6岁儿童学习与发展指南》教育手册中也明确提出将归属感作为幼儿适应社会的重要目标。另外，一项针对364名中小学生学校归属感与学业成绩关系的研究发现：有强烈的学校归属感的孩子，其学业成绩也会更好。

微案例：经常掉线的网课竟然没人吐槽

在线教育刚刚兴起的时候，我就开始在网上给孩子们上课。那个时候，网络不太好，经常掉线，有时还会出现网络延迟的现象，但是我和我的学生们会互相等待彼此，没有抱怨，没有生气，反而大家是团结一致的，特别好。这是怎么做到的呢？其中一个重要的原因就在于我一直在努力创造孩子们的归属感。

在我6人班的网课上，在上课之初，我让学生们共同参与，给自己的6人小班取一个名字。在我的引导下，学生们经过思考、讨论、投票等环节，最终共同给班级取了一个名字。取名字的这个过程，让这些孩子对班级产生了初始的主人公意识，并且通过互动讨论、投票的形式，让学生之间产生了初级的归属感。之后，我和他们制定了一个集体目标，比如5月份全体优秀通过KET考试。之后，每次上课之前，我会先让他们逐一说说自己这周的生活，其他的孩子聆听，并发表看法。另外，我在课堂活动中还会专门设置一些环节，让他们以小组的形式进行对话、练习和讨论。

经过一系列的细节设计，孩子们特别喜欢上课，往往一个系列的课程下来，没有一个孩子请假，这个网课小班让孩子们有了很强烈的归属感。

其实，生活中处处都有这样的机会。比如，家长可以鼓励孩子积极参加集体活动，主动帮老师和同学做事；或者家长可以组织一场趣味竞赛活动，邀请孩子的同学一起参加；等等。

当然，除了培养孩子对学校和班级同学之间的归属感，我们更要重视孩子对家庭的归属感。具体方法可参见第一章第四节内容。

自主感，主动想做的事才能做得最好

自主感指的是让孩子在活动中感觉是自己主动做出来的选择，而不是被强迫。比如，老师让学生从若干不同的作业类型中自主选择做哪一类作业。

关于自主感，说起来容易，但是做起来却很难，因为家长很容易无意识地要求孩子用自己认为正确的方法或直接为孩子做出决定。比如，有的父母给孩子选择大学专业，但是孩子进入大学后发现专业不是自己喜欢的，于是反抗，从而出现逃课、挂科、沉迷网络，甚至辍学等问题。

父母过度参与孩子的决定，会让孩子感觉自己的人生没有自主性，学习是妈妈要我做的，做作业是老师的命令，什么事情都是规定好的，没有一点自主感，孩子自然会对学习和写作业产生反感，产生排斥心理。

如何做才能让孩子对学习和生活产生自主感，从而不再排斥呢？这里，我总结了两点：

1. 给孩子设置一点障碍

自主感不是完全放任，而是父母教孩子如何负责地去做决定，从小建立起他对人生负责的态度。当父母为孩子的请求设置了障碍，孩子还是反复地请求要做某件事情时，说明他是经过认真思考的，不会轻易放弃，这就是自主感。家长故意设置的障碍其实是试金石，硬塞给孩子的，他丢掉也很快，只有好不容易争取来的，他才会倍加珍惜。

2. 要充分信任孩子

孩子是会反思的，他的反思能力其实超出了我们的预期。作为父母，我们不要过度关注和监督孩子，让他产生自己被监视与不信任的感觉。

我们可以鼓励孩子找到一个需要解决的实际问题。比如，找一下学校、小区或社会中需要解决的问题，鼓励他和他的小伙伴通过合作调研、查阅资料、做实验等方式，找到解决问题的方法。

让孩子发现问题，然后解决问题，在增强孩子自主感的同时，更能促进

孩子的内在学习动力。

我有一个学生，他发现他们教室的空间有限，没有地方放课外阅读书籍，于是建议在他们教室外面的走廊里设置一些书架。这个建议还真被学校采纳了。他们教室外面书架的外观、高度、宽度，摆放哪些类型的书，也都是由这个学生负责的。这个小项目也极大地提高了他们班同学阅读的积极性。

拆为我用 你打算如何在孩子的学习和生活中培养他的胜任感、归属感和自主感呢？

心流法

四个要素，让孩子体会到学习的快乐

小宣在网上买了一个魔方，收到魔方以后，他就迫不及待地打开说明书，准备按照说明书来拼魔方。刚开始的时候，他觉得有一点困难，后来他一边耐心地看操作说明，一边拼魔方，最后把魔方拼好了，他觉得特别开心，也很有成就感。后来，这孩子跟我说这事的时候也是满脸的成就感，他还补充道："老师，你知道吗？时间过得太快了，等我把魔方拼完，没想到两个小时已经过去了。"

孩子觉得特别开心，特别有收获，而且觉得时间过得特别快，其实就是体验到了心流。

心流指的是人在全神贯注地做一件事时，那种沉浸其中的忘我状态。这个概念由美国知名心理学家米哈里·契克森米哈赖在 20 世纪提出来的。他经过长时间的观察发现，艺术家、棋手、攀岩者及作曲家这些特殊职业者在工作的时候几乎是全神贯注地投入其中，经常忘记时间及失去对周围环境的感知，他们非常享受工作带给他们的乐趣，而所得到的报酬却极少或没有报酬，这种由全神贯注而产生的状态被米哈里·契克森米哈赖定义为心流体验。

心流绝不仅仅是提升工作效率的工具，它更是通往幸福的钥匙，可以让人体会到幸福。

米哈里本人亲身经历了人类历史上风起云涌的时代：第二次世界大战、美苏冷战，以及人类科技、资讯和财富的大爆发。可是他发现，人类并没有因为更富有、更智慧、更科学而变得更幸福。于是，他开始思考关于幸福的问题，并决定向最优秀的人发问。他采访了数百位艺术家、企业家、运动员、医生，他们都是各自行业内的领军人物，这些人都向米哈里描述了一种奇妙的心理状态。

当米哈里把自己的研究对象进一步扩展到各行各业的普通人，甚至是偏远山区的老妪、纳瓦霍族的牧人时，他发现大家都有这种体验，连描述的词汇都大致相同。

他将这种最接近于幸福的体验称为最优体验，并在此基础上提出了“心流”的概念。

学习是一件需要集中精力去做的事情，如果我们可以让孩子进入这种心流的状态，就可以帮助孩子进行高效的学习，还能让孩子在学习中体会到幸福感。

怎么做才能让孩子进入心流的状态呢？我认为需要具备四个关键要素：

要素一：明确的目标

从小宣的故事中我们可以看到，小宣的整个活动是围绕拼魔方展开的，也就是小宣有着明确的目标，这也是让孩子体会到学习的快乐的第一个要素。

当孩子觉得无事可做时，他的精神涣散，如果目标清晰，他的内心就是明晰的，也有了学习的动力。

一名网球选手总是清楚下一步该怎么做，那就是把球打回到对手的球场上。每次击中球，他都知道自己做得很好。棋手的目标同样很明确，就是在对方得手前先将他的军。

当然，如果选择的目标微不足道，不用费吹灰之力就能实现，那成功的乐趣也同样几乎为零。比如，假设我的目标只是每天有吃有喝，我每天都会发现自己成功了，但这并不会使我特别快乐。相比之下，历经千辛万苦，在比赛中获得一等奖，则会让我欣喜若狂。

在目标的设定上，我们要引导孩子做一个有短期规划及长期规划的长远目标。比如，如果孩子数学成绩不好，我们要鼓励孩子，让他觉得自己不比别人差，数学也能考得不错，这个就是长远的目标。在完成这个目标之前，我们可以引导孩子月考的时候达到什么程度，期中、期末考试的时候达到什么程度，通过阶段性提升的方式让孩子一点点向目标前进。每当他完成一个小目标的时候，他就体验到心流带给他的成就感与征服感。

要素二：挑战与能力相匹配

小宣刚开始拼魔方的时候是觉得有些难度的，并不觉得这件事特别容易，后来，他一边看操作说明书一边摸索，最后把魔方拼出来了。也就是说，拼魔方这件事所带来的挑战是和小宣所具备的能力相匹配的。

如果挑战难度和能力不匹配，则会出现以下三种情况：

（1）个人的技能高，而面对的挑战难度较低时，孩子就会感到很无聊。比如，孩子从小就上英语课外班，当英语学到一定程度以后，他对学校教的英语就没太大的兴趣了，上课的时候很难认真去学。

（2）个人的技能低，而面对的挑战难度也低时，无法让孩子产生持续上升的心流。比如，孩子因为没有接受很好的学前教育，造成上小学之后跟不上老师的讲课进度，学习效率低。父母为了增加孩子的学习信心，为孩子

制定了比较低的学习目标，因为害怕打击孩子的自信，也不敢逐步提升学习目标的难度。让孩子一直面对低难度的挑战，那么孩子就只能挑战一些自己有把握去做的事情，对稍微超出自己能力范围的事情就不敢去尝试挑战，从而无法产生持续上升的心流。

（3）个人的技能低，而面对的挑战难度高时，孩子容易产生焦虑感。比如，成绩中等偏下的孩子在课堂上被老师点名回答问题时，他可能会比较焦虑。因为他的能力和知识储备可能不足以支撑他正确、完整地回答问题。

想要帮孩子找到与他的能力相匹配的合理挑战，需要父母在平时多关注孩子，通过与老师沟通及亲子之间的智力小游戏，来判断孩子获取知识的能力水平，然后根据孩子的能力匹配与之相对应的挑战，并且要制订一个分阶段、循序渐进的难度递增计划。

要素三：获得及时的反馈

及时的反馈能让人马上知道自己完成得好不好。就像小宣拼魔方的时候，每一步或每几步，小宣是能够立即获得反馈的，知道自己拼得对不对。

热爱自己工作的老师在教学的过程中也是在不断接受回馈的：学生的上课姿势、脸部表情，以及学生的提问和学生回答问题的质量、课堂练习的情况等。这些都会给老师最及时的反馈，老师也能依据学生的反馈，及时调整自己上课的节奏和内容。

同样地，精神科医生在工作中也能不断地接受回馈：患者的姿势、脸部表情，以及患者声音中的迟疑、治疗时所提供的资料等。这些都可以作为医生评估治疗进展情况的重要线索。

作为父母，我们如何在孩子学习的过程中让他不断地接受正向的反馈呢？

以做数学练习题为例，当我们在辅导孩子做习题的时候，如果孩子一开始解题的思路是错误的，我们不要去打断他，等到他遇到困难的时候，再适当地介入，对孩子说："你的这个思路很棒，但是在这道题里不太适用，我们可以换一种方式从别的角度去解题。"当孩子意识到错误，在父母的引导下选择了正确的解题思路时，他会很开心。如果后续的步骤里还是出现了错误，那么我们要继续鼓励孩子："你看，这一次你比之前进步了很多！解题思路正确了很多，并且前面的几个步骤也都答对了，我们只要把这几步算对，这道题就被你攻克了！"

这种让孩子不断地感知到自己是在进步、一次比一次做得更好的及时反馈，会极大地提升孩子继续挑战的动力。

要素四：全神贯注

在小宣的故事中我们看到，小宣花了整整两个小时的时间，其间没有做任何其他的事情，是全神贯注的。

在日常生活中，由于大多数工作和普通的家庭生活要求都不及心流体验那么高，也不需要我们全神贯注，因此焦虑才有了可乘之机。这就导致在一般状态下，我们常常受到外界的干扰，精神能量时常被中断。

一个喜欢坐船旅行的朋友曾经跟我说："在船上，纵然有很多不适应，但是所有现实中的忧虑都会随地平线逐渐远去而抛在脑后。一旦到了开阔的海上，什么都不会去想。"其实这也是全神贯注给人带来愉快体验的结果。

为什么身处大海之上可以帮助他屏蔽其他杂乱情绪的干扰呢？因为大海之上除了海平面，没有其他的事物可以分散人的注意力。学习也是一样，当我们为孩子创造了一个纯粹、舒适的学习环境，那么就可以有效帮助孩子屏蔽他脑海中的其他杂乱思绪，也可以隔断外界对孩子的打扰。

如何让孩子在课堂上提升听课效率的同时，还能体会到学习的快乐呢？

首先，孩子在上课前一定要对即将上课的内容做一个全面的预习，知道老师大概会讲解哪些知识点，自己有哪些疑惑，听课的时候要带着困惑去听。这样做，实际是完成明确目标这一步的工作。

接下来，在上课的过程中，孩子认真听讲，重点关注老师是如何解答自己疑问的那一部分内容，总结与疑问相关的例子。这样做可以确保孩子的大脑一直处于思考的状态，而不至于被其他事情分散了注意力。

这里很重要的一点就是，孩子在上课的时候要能够感受到有一定的任务难度。如果孩子经常觉得老师讲的内容过于简单，则很容易感到上课无聊；而如果孩子经常觉得任务难度过大，通常会比较焦虑。因此，学校分层教学是很有意义的。这里有一个特别关键的步骤家长做不了，但是老师在课堂上可以做，那就是提供一个“脚手架”“一个梯子”，给予孩子合适的指导和帮助，从而让孩子自己去发现和学习，并构建自己的知识体系。

另外，孩子需要积极参与课堂上的活动，以做练习，回答老师的提问，以及老师点评等形式获得同伴和老师的反馈。这些过程都能够帮助孩子获得及时而有价值的反馈。这些反馈能够帮助孩子确认自己的理解是否准确、到位。事实上，那些曾经在我的课上觉得一节课过得很快的孩子们，也是那些课前准备充分、课上积极参与互动的孩子们。

了解了达成心流的四个关键因素，对于大一点的孩子，家长可以将心流的四个关键因素告诉孩子，让孩子多实践，从而真正成为学习的主人，享受学习；对于偏低龄的孩子，家长可以参考孩子的特点，运用心流法做一些适当的引导，让孩子快乐学习。

拆为我用

试着结合心流的四个要素，感受一次属于自己的独特心流体验！

游戏法

融入游戏元素，让学习像游戏一样上瘾

经常有家长抱怨说：“我家孩子学习的时候哈欠连天，但是打起游戏来却特别有精神，一点都不犯困。”

也有的家长一提起游戏就咬牙切齿，觉得是游戏让孩子上了瘾，导致孩子不爱学习。

这些问题也让我思考：

- 为什么学习比较差的孩子能花费大量的时间用于在游戏中“打怪升级”，却无法专心学习哪怕半小时呢？
- 为什么他在游戏中能很好地执行战术纪律，在现实中却不停地破坏纪律？
- 游戏中有什么可以牢牢吸引他的东西是教学中所没有的呢？
- 如果我们将游戏中让人上瘾的元素整合到学习中，孩子是否也能对学习充满兴趣呢？

回答这些问题，我们首先要看看为什么游戏能让孩子入迷。

游戏为什么能让孩子入迷

1. 游戏会通过规则让孩子感受到自主感

在游戏的开始，孩子可以选择一个自己喜欢的角色，比如法师、战士、刺客、精灵等，通过提供多个游戏角色，让孩子去进行自主的选择。当孩子选择了自己喜欢的角色，他会感觉：在这里我自己说了算，没有人可以限制我！

这种自主选择的方式会让孩子有一种怎么去玩这个游戏是他自己能控制的自主意识感，虽然他的选择还是在游戏的规则框架里。

2. 游戏一般都会设置关卡

游戏经常会把一个终极目标分解成多个层级的小目标，让孩子一级级过关，每过一关都会及时给孩子一个反馈：呀，你又过了一关，真的好厉害！而且在闯关过程中，孩子的每一个行为都能得到及时的反馈。

比如，在网络游戏中，孩子刚开始选择了一个职业角色后，他的等级是最初始的 1 级，而游戏的最高等级是 999 级。如果孩子想成为游戏中最强的存在，他就要一级一级地去挑战，通过小目标的积累，达成终极目标。

而且，在每通过一个等级的时候，他所选择的游戏角色在攻击力、生命值、防御力等方面都会有直观提升。

这种及时反馈，以及由小目标到大目标的游戏规则，会让孩子在玩游戏的过程中具备使命感和成就感，从而让他乐此不疲地沉浸在通关升级中。

3. 游戏允许玩家降级甚至反复游戏

家长和老师常常会给孩子设定远高于现有水平的目标。这种行为所造成的结果就是，孩子努力后仍然达不成目标。当孩子努力了还是没有做到的时候，家长再去批评他，他就会产生抗拒感。因为他觉得即使自己努力了，但还是做不到，而且还会招来批评，那干脆不努力了。

但游戏却不是这样。很多桌面游戏会有再来一局的按钮，网络游戏也有重新开始的选择。这些都是重要的游戏元素，它赋予玩家可以失败的权限。失败是一种选项，不会因为某一关卡的失败就否定之前的成果。

在打游戏的过程中，如果有一个技术处理得不好，没有得到升级，那么游戏还会允许孩子临时“降级”到更容易的关卡，并会在多次尝试后进一步提供更多的指导性暗示。当孩子通过努力刚好过了这一关后，下一关的水平会比这一关稍微提高一点，但是只要孩子努力就又能打过。

总的来说，游戏的设计者深刻明白，如果玩家不能转败为胜，那他最终会退出游戏。对游戏设计者来说，必须让玩家体验到成就感。

4. 游戏里的目标清晰

仔细观察你会发现，游戏中的每一个关卡需要哪些能力，都会做出一个细致的分类。比如在某一关卡里需要具备四个条件才可以顺利通关，那么孩子就要在有限的时间里快速做出反应，合理安排计划。只有这四个条件都分别达到要求了，他才会顺利通关。那么孩子就会针对这四个条件，去进行专门的训练，并最终达成目标。

在这种有条理、有难度，并通过努力可以达成目标的过程中，孩子会非常专注地投入，去取得成就，从而感受快乐。这也是前面章节中讲过的心流体验。

回到我们最初的问题：如何将游戏中的元素融入学习中，让孩子对学习上瘾呢？

我们可以从上面所讲到的四个点出发，把游戏的这四个规则巧妙地应用在学习中。

如何让孩子学习也能像玩游戏一样入迷

1. 在大框架下，让孩子自主选择要学习的内容

比如孩子学习英语比较吃力，家长就可以通过游戏法学习来提高他在这方面的能力。

首先，在学英语的这个大框架下把要学好英语的各项能力进行拆分，包括丰富的词汇量、扎实的语法基础、广泛的阅读、大量听力输入、口语表达和写作输出等。

然后，让孩子根据拆分出来的能力分支，自主选择自己想要学习的方向。这时候，教育的意义就会有弹性的变化，比如给孩子看适合他年龄段的英文电影，这样有助于提升他的听力和词汇量，以及增加他对外国文化的了解。

当孩子自己去选择要学习的方向及学习的步骤时，这种自主感会削弱孩子对学习英语的逆反心理，让他可以保持更积极的心态进行学习。而且，拆分能力分支的学习方式可以让孩子更科学、系统地进行知识的学习，学习效率也会更高。

2. 设定层层关卡和挑战，而且要有奖赏机制

有个妈妈和我说，她家孩子在班级里考了第 32 名，班上总共有 40 人。为了鼓励孩子好好学习，她就跟孩子说：“儿子，你只要努力学习，期末考试能考到班级前二十名，妈妈就答应你一个心愿，什么都行。”

乍一听，我们可能觉得这个妈妈提的目标还是比较合理的，她没有让孩子直接考进班级前三名，只是考到中等水平就可以了。其实这个妈妈定的目标不太好，因为这个目标在达成的过程中有两点困难。

（1）目标太远，期末考试考得好，妈妈才能满足孩子的心愿。在达成目标前的周期太长，会让孩子随着时间的流逝逐渐失去追寻目标的动力。

（2）在达成目标之前，孩子在日常学习中是得不到及时反馈的，因为实现任何心愿的这个好处要在几个月后才能实现。孩子会觉得他每一天的努力好像都得不到结果，就会很难坚持下去。

如何为孩子设定一个合理而又可以得到及时反馈的学习计划呢？

关于这一点，我们可以借鉴游戏中的等级方式。

游戏经常会把一个终极目标分解成好多个层级的小目标，让玩家一步步地实现。对于孩子的学习，我们也可以进行这样的分级操作。

比如四年级的孩子语文不太好，我们可以把期末考试这个大目标拆分成四个阶段性目标。第一阶段：开学第一个月，做好语文基础知识的学习，包括字、词、句，以及语文课文的学习。第二阶段：开学一个月以后到期中考试前，配合老师的要求，同时做大量的课后阅读和读书笔记整理工作。第三阶段：期中考试之后的一个月，继续大量阅读，同时进行作文练习，并尽可能获得老师的专业指导。第四阶段：期末考前的一个月，配合老师做好期末复习，同时进行阅读和写作的积累和输出。

此外，家长可以做一个目标进度表贴在家里客厅的墙上，认真记录孩子每个阶段目标的完成情况，让孩子可以及时看到他自己的完成进度，做到及时反馈。每完成一个阶段的任务，给予孩子小红花或积分鼓励，积累了一定量的小红花或积分后，孩子就可以从家长手里换取一些比较小的物质或精神奖励及特殊权益。

总之，作为家长，我们要切记，不要给孩子设定一个太长远的目标，要通过小范围的层级进步来帮助孩子慢慢实现大幅度的蜕变和成长。

3. 允许孩子获得降级体验的机会

孩子不喜欢学习的一个很大原因在于学习的过程中会遇到很多困难，当遇到困难并多次尝试还是没有成功时，他的成就感就会降低，他会沮丧、不

自信，厌恶感则会上升。

如果我们给孩子设定的每一次小目标等级都难以完成，那么继续执行这个学习计划就是无用的。那就需要调整策略，根据孩子对知识掌握的情况降低目标难度，和孩子一起重新设定目标。

比如，一名初一孩子的英语阅读不好，起初家长和孩子商量每天做一篇阅读理解题，但是连续一周下来，孩子每次的错误率都达到 80%。这个时候家长要做的就是，与孩子学校的老师或课外班的老师沟通，寻找适合孩子阅读水平的材料让孩子做。孩子能做对 70% 以上就说明难度合适。孩子练习一段时间以后，当正确率超过 90% 时，可以将材料难度往上提一提。

4. 设定清晰目标，建立可以有效支撑孩子行为的系统体系

支撑孩子行为的系统体系是指为孩子设定目标时，我们要有科学的学习体系去支撑。

分学科制定系统的学习方案，来保证孩子的每一步行为都有反馈，确保孩子在达成每个阶段的小目标后，就能实现最后的大目标。

上文中提到的四年级孩子语文不好，可以分四个阶段进行学习，四个阶段有不同的目标，就是一个目标设定合理的很好案例。

关于设定清晰目标的原则，在后面时间管理部分会做详细的讲解。

另外，游戏中还包含许多元素，比如游戏中伴随着冲突、竞争和合作，游戏里有艺术、美感和视觉元素的设计等。我们也可以琢磨怎样将这些元素系统地运用到孩子的学习中去。

拆为我用 请你结合四个关键游戏元素，和孩子一起制订一个提升孩子学习动力的计划吧！

添加一芳老师微信，
一起高效陪伴孩子成长！

第四章

| 学习能力 |
五大能力培养，让孩子学习更轻松

学习力从本质上讲，是综合运用和协同多种功能的一种能力。全面提升孩子的专注力、记忆力、阅读力、理解力和创造力，是形成学习力的五种最重要的基础能力。

专注力

三个路径培养专注力，让孩子上课不走神

著名思想家、文学家爱默生曾说：“天才的最大特质就是能在某一件事上长久地集中注意力。”我们也经常听到科学家们花费数十年甚至倾其一生来研究一个细分领域的新闻。专注对于科研工作者来说实在太重要了。事实上，对任何一个人来说，专注力都是非常重要的。不论是学习、工作，还是生活，专注力越高，就意味着效率越高，最终能够取得的成就也越大。

联合国教科文组织认为，儿童的专注力水平是导致学习差异的主要原因。美国心理学家曾做过一个长期追踪，结果证实了这个观点。科学家随机抽取了 50 个小孩子作为样本，进行为期 30 年的观察，最后发现那些专注力强的孩子长大后大多成为各个领域的优秀人才，而那些专注力不够的孩子后来生活和工作都不如前者。

有一位来自波兰名叫玛利亚的小姑娘，学习非常专注。有一次玛利亚在做功课，她姐姐和同学就在一旁唱歌跳舞，玛利亚像没看见一样，继续专心看书。于是姐姐就想试试她，看她到底是不是真的在学习。之后姐姐悄悄在

玛利亚身后搭起了几张凳子，只要玛利亚一动，凳子就会掉下来。结果什么都没有发生，直到玛利亚看完了一本书。这位专心读书的小姑娘就是后来我们都知道的著名科学家居里夫人。

现实生活中，很多父母发现孩子专注做事不到 10 分钟就坐不住了，被别的事情给吸引走了，总觉得自家孩子的专注力差。那么，怎么判断孩子是不是有专注力呢?

下面是一个专注力小测试，在这项测试中，共有 10 个常见的场景，家长可以逐条对应自家孩子的实际情况，如果孩子的表现符合 5 个或 5 个以上的场景，可能就是专注力不太够。

- □ 和他说话时，他经常心不在焉，低头想着自己的事情。
- □ 不提醒就不知道该干什么，做事没有条理。
- □ 容易打扰和被打扰，喜欢左顾右盼，人来疯。
- □ 玩耍时总是容易忘了时间，爱拖延。
- □ 上课总走神，爱捣乱或做自己的事情。
- □ 不愿意接受别人的建议，不遵守纪律。
- □ 做作业时边做边玩，效率低。
- □ 经常写错答案、漏写、跳字甚至串行。
- □ 兴趣多，好奇心强，但每样都坚持不下来。
- □ 粗心，简单的题总是容易出错。

研究表明，2~3 岁的孩子平均注意时长是 10 分钟，4~6 岁的孩子平均注意时长是 10~15 分钟， 7~10 岁的孩子平均注意时长是 20 分钟，12 岁以上的孩子平均注意时长超过 30 分钟。家长也可以参考这个数据看看自家孩子的专注力程度。

注意力就是专注力吗

注意力是一个大的范围，专注力只是注意力的一个方面。在心理学上，专注力是人的心理活动指向和集中于某种事物的能力。第一步，指向，也就是聚焦，在课堂上，就是孩子愿意选择听老师讲课，这取决于孩子是否对老师讲的内容感兴趣。第二步，集中，就是孩子聚焦一件事的时间维持得较长，能够跟着老师讲课的节奏去理解上课的内容。

我们常说的注意力不集中，其实是专注力不足，也就是忽略周围信息的能力不足，不能聚焦。

专注力还分为三种：视觉专注、体觉专注和听觉专注。

视觉专注，比如老师在课上使用的PPT、小视频、搭积木等；体觉专注，比如老师在科学课上鼓励学生动手做实验；听觉专注，比如听老师讲课、一家三口玩萝卜蹲的游戏等。

孩子专注力不够好的原因

孩子专注力不够好的原因有很多，比如因为睡眠不足造成的孩子对所做的事情没有兴趣，也有病理原因，如自闭症、发育迟缓、脑瘫、学习障碍等，但普遍存在的还是父母打扰式的教养方式破坏了孩子的专注力。

微案例：忙着给孩子送食物的然然妈

有一次，我去一个朋友家，当时她8岁的儿子然然正在桌子上专心画画。我们聊了一会之后，她走到儿子身边说："然然，喝口

水吧。”孩子没理她，过了一会她又对孩子说：“然然，吃个苹果吧。”孩子勉强吃了两口。当发现然然总是画不好时，她索性握住孩子的手说：“来，妈妈教你怎么画。”孩子不干了，甩开妈妈的手，特生气。看到孩子情绪不好，她赶紧抱住然然说：“行行行，咱们不画了，妈妈陪你看书吧，好不好？”

孩子本来想安心画画的，结果被妈妈一而再、再而三的“好意”打断，妈妈的这种行为很容易把孩子原本很好的专注力破坏掉。我们可以回顾一下，孩子兴致勃勃地说话时，自己有没有不耐烦地打断；当孩子很认真地在搭积木、看绘本或画画的时候，自己有没有因为其他的事情强行把他拉走呢？

提升孩子专注力的方法

需要训练视觉专注的孩子通常表现为无论是上课、写作业，还是吃饭的时候，都喜欢边做边玩，看同一个方向的事物不超过3分钟就会左顾右盼。提升这类孩子的视觉关注可以尝试通过益智互动类游戏或知识卡片的形式，也可以给孩子买一些和他兴趣相关的童书、绘本，带着他跟着故事情节一点点看下去。

需要训练体觉专注的孩子主要表现为上课走神，爱捣乱，兴趣多，好奇心强，但每件事情都坚持不下来，做事总是三分钟热度，不持久。如果想提升这类孩子的专注力，我们可以试着从体能训练与动手训练两方面入手。孩子的这种状态，一方面是右脑潜能高的一种表现，需要进行科学的运动来释放他们过量的体能活力，比如可以带孩子进行游泳训练、篮球训练、乒乓球对抗等需要全神贯注投入的体育运动。另一方面，对于他们坐不住、总是三分钟热度的行为，我们可以通过鼓励孩子搭建不同造型的积木、摆多米诺骨牌、玩乐高拼图，以及亲子手工活动等方式，引导孩子锻炼他做一件事的耐心和专注力。

需要训练听觉专注的孩子通常表现为说话时三心二意，老师或父母说的话总是要重复几遍才能听全。提升这类孩子的听觉专注可以从两方面入手：第一，孩子做事的时候，尽量保持环境安静。第二，可以给孩子讲故事。讲故事最好有语气的变化，同时让孩子参与进来，引导孩子提问，预测接下来的情节，甚至在讲完故事之后进行感受分享、讨论等。

如果想要从整体上提高孩子的专注力，可以尝试以下方法：

1. 创造任务情景

在任务情景中设置一些仪式性的程序。比如，在孩子学习之前，可以做15~20 分钟运动，慢跑、快走或游泳都可以，有节奏的运动可以刺激大脑分泌多巴胺，帮助大脑的不同部位同步化，形成积极的学习状态。另外，放松行为帮助转换情景，比如快速洗个澡、换上舒适的衣服、吃水果等，做这些事情可以让孩子形成做好这个就要开始学习的思维模式。对于低龄的孩子，父母可以带着孩子整理桌子，让孩子把要看的书或要写的作业拿出来，一起复习所学内容，让大脑开始运作，慢慢进入状态。

2. 引导任务进行

不同年龄段的孩子，注意力的时长不一样，12 岁以上的孩子才能够集中注意力半个小时以上，对于 12 岁以下的孩子，家长非常有必要结合孩子的实际情况，运用切割术，帮孩子把学习任务切割成 2 次或更多次，休息一会之后，再继续学习。这样孩子也可以学会对自己的时间进行管理和规划。

3. 进入心流状态

很多家长发现，孩子在玩游戏的时候特别专注，甚至能专注很长时间。因为游戏的设置有很明确的目标，难度与孩子的能力相匹配，让孩子获得高度的控制感，并且能够获得及时的反馈。满足了这些条件以后，孩子就会自动进入专注状态。这种状态就是心流（具体见第三章第三节）。

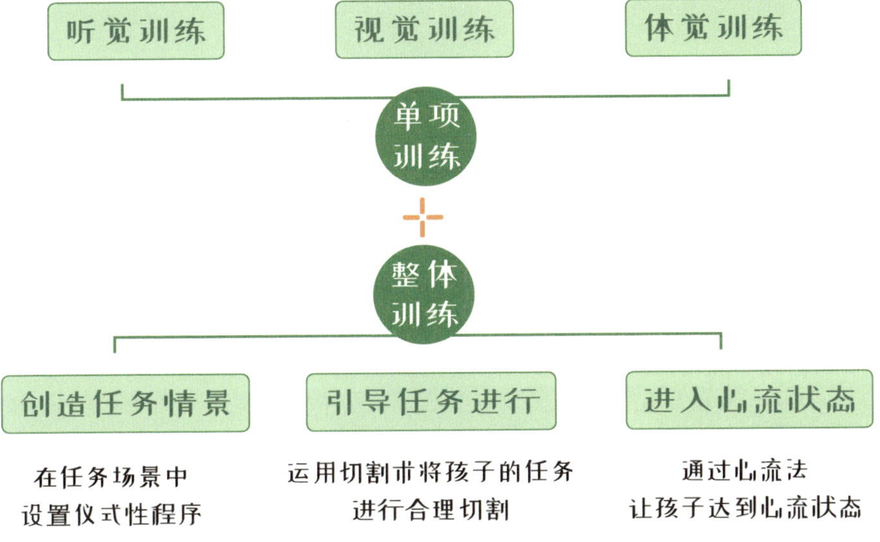

拆为我用 本节中哪（几）种方法你觉得有利于提升孩子的专注力呢？赶紧实践吧！

记忆力

两种训练提升记忆力，让孩子学习更高效

经常有家长反映，孩子总记不住单词，甚至上午背的单词，到了下午就不记得了。

学过的东西为什么会遗忘

我们获取的信息储存在大脑的神经元细胞网络中。当我们想到一件物品时，与之相关的神经元会兴奋起来。它们长有突出的触手状结构，称为树突，是用来接收信息的。如果一个树突靠近另一个神经元，树突和另一个神经元的轴突（轴突是用来传递信息的）之间可能会有联系（它们实际上不会接触，但很近），这种连接允许它们共享信息。因此，你对某件事想得越多，就会形成越多的联系，这些联系让你更容易、更快地获取信息，并能在不同信息之间建立联系，从而增进理解。

当有许多强大的途径可以获得信息时，信息是很容易获得的。这意味着我们需要经常思考一些事情来建立强大的树突通道，我们需要把这些信息与

大脑中的其他信息联系起来。例如，我们不需要有意识地回想我们的名字，因为我们建立了强大的途径，经常使用这些信息，这些途径就会得到很好的维护。但当我们不使用信息，也没有明确的途径来获取信息时，这些树突就会衰退。信息不一定会丢失，但会更难找到。这就是为什么学习过的东西，没有经过任何复习和回顾的话，就很容易遗忘。

有的家长可能觉得记忆影响孩子的创造力发挥。实际上，我们一般认为学习是获取新知识或新技能的过程，记忆是对信息进行编码、进行保存和提取的过程。根据美国著名心理学家、教育家本杰明·布卢姆的分类学理论，学习的高级境界是评价和创新，而记忆和理解就是评价和创新的基础。

如何提高记忆力，让孩子学习更高效

提升记忆力，可以使用 4W 记忆法和 IDEA 工具。

1.4W 记忆法

（1）第一个 W 是 when，何时。关于时间部分，我们分成四个维度来说明如何提高记忆力。

第一个维度：在学习之前，花时间预习。如果课堂上要花 1 个小时学习，那么至少要花 1 个小时为上课做准备，实际情况可能没有那么多时间，但是无论如何，课前预习还是非常有必要的，尤其是找出疑惑的部分。

第二个维度：学完一堂课，看完一页书后的 40 秒内回顾相关内容。英国塞萨克斯大学进行过一项主题研究：所有新学的事物在学完后 40 秒内复习回顾，对于加深记忆会有什么效果？研究人员让所有参加实验者看两个视频，然后分成两组实行不同的复习方法。

第一组实验参与人员看了视频后，马上用 40 秒钟进行视频内容细节的

回顾确认，然后向他人讲述。第二组参与人员只是看视频，之后没做任何其他事情。

两周后，再对这个视频的内容考试时，第二组的参与人员几乎都想不起来视频的内容，而第一组的参与人员还能想起大部分内容和要点。

同时进行的还有脑部核磁共振检测，经过 40 秒复习的实验参与人员，明显大脑中的后带状皮质变得很有活力。这个后带状皮质是和记忆的整理有紧密关系的部位，患有阿尔兹海默症等与大脑、记忆相关疾病的人，这个部位都不同程度地会萎缩、受伤。

也就是说，只是学习后的 40 秒复习，就可以把相关的知识内容在大脑中进行长期的记忆编号，即使过了两周，学习细节的记忆还是会被清晰保留。

第三个维度：要根据孩子的自身情况，选择课堂之外的时间进行高效复习，可能是早上 8~9 点，也可能是晚上 8~9 点。总之，一定要优先选择孩子状态最好的时间段来复习。

第四个维度：艾宾浩斯的记忆曲线遗忘规律告诉我们，知识的遗忘速度不是均匀的。不经过复习，所学的内容一天以后大概只记得 33.7%，两天以后只记得 27.8%。第一天遗忘得最厉害。因此，我经常要求学生运用“01113”的原则来复习。

0 代表的是当天学完，当天复习，不要间隔。接下来的 3 个 1，分别代表隔一天之后复习一次，隔一周之后再复习一次，隔一个月之后再复习一次，3 代表隔三个月之后再复习一次。经过这样持续的复习，孩子就很难忘记所学的内容了。

（2）第二个 W 是 where，在哪儿。学习不一定要一直处于同一种环境，有时换一个环境，我们记忆的内容反而会更加深刻。因为记忆不是孤零零的，而是情景式的，它包含了生活经历的信息和与之相关的时间和地点信息。比如，孩子在一个换了新壁纸的房间内背诵语文课文时，大脑会将他所处的环

境和背诵的内容结合在一起记录下来，下次回忆起新的壁纸，也更容易回忆起背诵的这段课文。

同样地，如果孩子下周一升完国旗之后要演讲，最好的方法就是在国旗下多练习几次演讲，演讲时就可以迅速匹配情景，更快更好地提取演讲内容。

总而言之，新的环境对我们的大脑来说是新鲜的刺激，更加有利于我们去加深和提取新输入的内容。

（3）第三个 W 是 who，跟谁。有的人喜欢单独学习，有的人喜欢和伙伴一起学习或以小组的形式学习，或者先单独学习，再和其他人一起学习。

美国国家训练实验室的一项研究实验结果表明，小组讨论学习，学习的吸收率能够达到 50%。因为在小组学习中，除了通过说话或书写来重复信息之外，学习者还可以通过了解他人的想法，以及深度的讨论，增加完全掌握信息的可能性，对知识的记忆程度自然更高。

（4）第四个 W 是 what，什么逻辑。对所记忆的内容，我们一定要理解。理解过的东西通常比死记硬背、不被理解的东西更容易让人回忆起来。因此，在学习知识的过程中，我们要鼓励孩子找出逻辑上的联系，并且使用这些联系来帮助他提高记忆力。

比如，一篇要求背诵的课文是总分总的结构，那我们要引导孩子记住里面总分总的逻辑，并且鼓励孩子找出每一部分对应的关键词，把结构逻辑和关键词记牢，再围绕关键词去回忆相关内容，就非常容易了。

2.IDEA 工具

（1）字母 I 指的是 interest，即找到让你记忆的兴趣点。如果你喜欢某位歌手，他唱的歌词你肯定能记住，因为你对这些歌词有着很大的记忆兴趣。

从科学的角度来说，记忆兴趣在很大程度上会影响注意力。记忆兴趣高时，大脑的自律性、敏锐性也高。

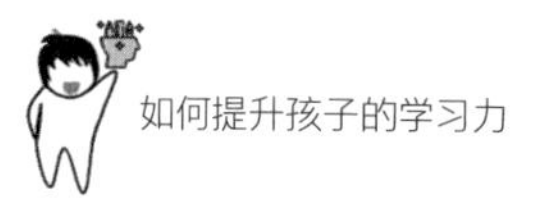

如果没有兴趣的内容又该怎么办呢？这时候你就要想，这个内容和你感兴趣的事情之间有什么联系？比如，作为一个老师，我遇到了一个不得不记住的内容时，我会想："如果我要给我的学生讲这个内容，我怎么讲才会有趣，更能让学生理解呢？"这个时候，这段内容在我眼里就会变得不一样了。

（2）字母 D 指的是 dictation，即默写。采用学习加默写的效果远大于单纯学习。

有两位著名的心理学家曾经就记忆和考试的关系做过多次实验。一次他们让两组学生学习同一篇文章，其中一组学习两次，每次 7 分钟；另一组学习 7 分钟，第二个 7 分钟以考试的形式默写下来。学习全部结束之后，对学生进行测试。最后结果显示，学习 + 默写的效果远大于单纯学习的效果，而且随着时间的增长，遗忘速度也更慢。

大脑的记忆是有存储强度和提取强度的，越是需要努力获取的记忆，越会增加存储和提取强度。默写或考试的方式，使得大脑从记忆中提取已经学过的知识内容时，要付出的努力远比一遍遍重读或重学要多。因此，当学过的知识通过默写或考试的步骤后，我们会记得更多、更牢固。

依据这个原理，我经常建议学生，上课做笔记的时候只写关键词，下课之后再来补剩余的笔记，因为课后补笔记的过程本身也是一个有难度的记忆提取过程，这样做反而增强了孩子对于知识的记忆和理解效果。

（3）字母 E 指的是 exam，测试的意思。与单纯重复记忆相比，一边测试一边记忆的方式更有效果，就算在测试的过程中出现了错误，对知识内容的记忆也是有帮助的。

研究人员让学生学习同一段文章，第一组的学生反复阅读，一共学了 20 分钟。第二组的学生学了 5 分钟，文章就被拿走了，然后进行测试，给他们一张纸，让他们记住什么就写什么，反复进行了三次。也就是说，20 分钟里，第一组从头到尾都在学习，第二组的学生只有 1/4 的时间学习，另外 3/4 的时间在重复测试前 5 分钟学的内容。

等两组都进行完 20 分钟的学习之后，研究人员等了 5 分钟，测试了所有学生对文章内容的记忆力。一个星期后，研究人员又重新测试了这批学生对文章的记忆力。结果发现，当测试在 5 分钟后进行的时候，重复学习的学生表现更好，但一个星期后的测试，结果却反转了，单纯重复记忆的学生忘了一半以上的内容，而那些重复测试自己的学生，不仅记住的内容更多，遗忘的速度也变慢。

另外一项实验也是和测试有关，这次得出来的结论是学之前先测试也能帮助记忆。

研究人员让参加实验的人学习组合在一起的词语，比如“鲸鱼和哺乳动物”。有的人直接学，有的人先看到组合中的一个词，然后猜另一个词是什么，最后才看到整个词语组合。结果，边猜边学的人最后的记忆效果比直接学的人要好。这主要和测试时提取信息所需要付出的努力有关系，提取的过程越费力，感觉越困难，形成的记忆也就越牢固。

（4）最后一个字母 A 指的是 alternate，意思是交替。

心理学家罗勒曾经做过这样一个实验，他召集了 24 名小学生，学习计算棱柱体的面、棱、顶点和转角数量。其中一组集中学习，按顺序练习面、棱、顶点和转角习题；另一组也练习了相同次数，只不过是随机而无序地做题。第二天，所有孩子都测试了四种题目中各一道题。结果交替学习那一组的孩子比另一组分数高出一大截。

学习时把不同的物件、技巧、概念等穿插到一起来练习，经过一段时间的积累之后，不但能使我们更清楚地了解每一项之间的不同之处，还能使我们更深刻地掌握好每一项内容。

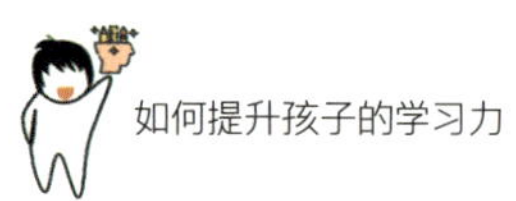

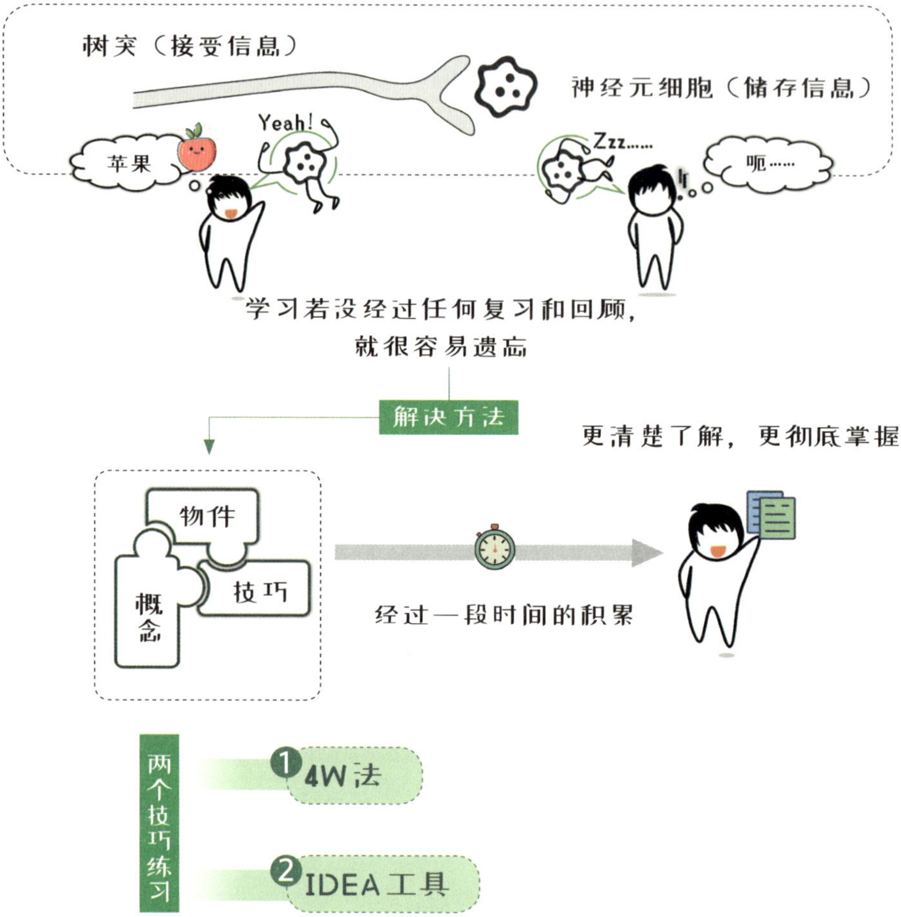

树突（接受信息）

神经元细胞（储存信息）

苹果

Yeah!

Zzz……

呃……

学习若没经过任何复习和回顾，
就很容易遗忘

解决方法

更清楚了解，更彻底掌握

物件

技巧

概念

经过一段时间的积累

两个技巧练习

1 4W法

2 IDEA工具

拆为我用 请运用 4W 法以及 IDEA 工具来背诵一段材料。

阅读力

高效阅读法，让孩子赢在大语文时代

高中时期，我一度特别羡慕我们班的一个女生，因为她的语文成绩常常全校第一。她曾经在全班面前分享她学习语文的方法，道出了她语文成绩很好的秘密——大量阅读。

由于大量阅读，她总是能够揣测文章背后的意思和作者要表达的情感，能写出出彩的作文。后来，她在语文课上看课外书，老师也睁只眼闭只眼，让当时的我们更加羡慕嫉妒。

十多年过去了，随着我们国家政策的改革、课程的改革，教育对孩子的语文学习提出了更高的要求。

可以说，如今的孩子正在进入大语文时代。

什么是大语文

大语文包括语言文字认知、文学常识、传统文化素养、阅读理解能力、表达能力、写作能力等综合素质。

大语文观认为，语文教育是以人获得更好的身心发展为基点，因此语文教育不仅在于让学生更好地进行语言表达，也在于帮助学生形成良好的思维方式、培养美好健康的情感与心理认知、完善和提升学生的自身人格与人文修养。

为什么提出教育要进入大语文时代呢？

第一个原因，教育政策的变化：新课改、新高考。

国务院在2014年9月发布了《关于深化考试招生制度改革的实施意见》，从此新高考、新中考的改革之路开始了。经过四年六省市试点后，2018年初，全国17个省市同时启动新高考改革，改革的主要政策包括：

- 不再区分文理科——数学考试的题型将更加具备普适性，难度降低。
- 英语高考改为一年两次——取较高一次分数，学生英语成绩的区分度降低。
- 语文考试中，阅读理解、写作的广度和难度增加，语文核心素养要求提升——对于需长期养成型的语文科目，考生必须开始投入更多时间和精力。

在这场大型改革试验中，从教研层到教学层的底层逻辑都发生了根本性改变。改革着力传统文化教育，语文得到前所未有的重视，开始被视为“拉分王”。“得语文者得天下”的观点一时间也流行起来。

第二个原因，减负之下迎来新转机。

2018年2月，四部委联合印发《关于切实减轻中小学生课外负担开展校外培训机构专项治理行动的通知》，超纲教学、提前教学、各类与招生挂钩的考试和竞赛、课后作业过重等成为重点整治的对象。在“减负”“奥数竞赛叫停”等多方偶然因素的必然影响下，能力培养开始成为新诉求。而大语文关注的内容都是在课本之外，同时又可以利用课外时间提升成绩，自然就成了教育机构新的关注点。

阅读与大语文有什么关系呢？事实上，关系很大。这里我仅从考试的角度略加阐释。

以前高考语文卷面是7000字左右，而现在已经变成了9000字左右，未来将增加到1万字左右；阅读题量也增加了5%~8%。所有科目都将考验阅读水平，阅读不行，可能卷子都做不完！

另外，按照教育部的规定，孩子12岁前的课外阅读量要达到50万字以上。只有达到这个要求，孩子的理解能力和知识面才足以支撑未来在中考、高考中的测试。

因此，在大语文时代，加强孩子的阅读是非常有必要的。

家长如何帮助孩子高效阅读

帮孩子高效阅读，我认为应当从三个方面来认识和解决。

1. 如何培养孩子的阅读习惯

关于这一点内容，我想借鉴犹太人对孩子的教育经验。有两个原因：

（1）犹太民族的人口数量不足世界人口的百分之一，但是却在经济、科学和艺术等方面为世界贡献了一大批杰出的天才：马克思、达尔文、弗洛伊德、爱因斯坦……几十年来，诺贝尔奖的得主，犹太人所占的比例远比其他民族高。这与犹太人在智力活动中的优势及他们的家庭教育有很大的关系。

（2）联合国教科文组织在1998年的一次大调查表明，在以犹太人为主的以色列国，14岁以上的以色列人平均每月读一本书，全国450万人，就有100万人办有图书证。如此大比例的阅读人数，说明犹太人在培养孩子阅读习惯方面的经验非常值得我们学习和借鉴。

犹太人培养孩子阅读习惯的方法并不难，比如：

- 家长经常给孩子讲笑话、故事和寓言，激发孩子的阅读兴趣，让孩子感知到知识是甜蜜的。

- 经常逛书店，营造家庭的书香氛围，多带孩子参加演讲、辩论、戏剧表演等社会活动，培养孩子与书的感情，让孩子意识到博览群书及知识的重要性。

- 经常与孩子讨论一些重要问题，并创造机会让孩子展示自己的思想与才华，学会分享，并努力让孩子学会运用所学知识解决实际问题。

- 让孩子学会提问，高效阅读和快乐学习，追求真理与智慧。

以上四点内容，当我们真的理解透彻，并在日常生活中不断实践，孩子的阅读习惯一定会有质的提升。

2. 阅读的三个原则

阅读的三个原则是好书原则、笔记原则和运用原则。

（1）好书原则。如同零食只是用来解馋，而主食、新鲜的蔬菜、肉类才能给予人体所需的营养物质，书也分优劣，劣质的书籍、糟糕的文笔、混乱的逻辑，甚至价值取向不正等，显然无助于孩子阅读能力的提升。

中小学阶段的孩子还没有能力去分辨书籍的优劣，因此家长要做好书本的把关工作。对于书的选取，我们可以参考国家教育部门和学校语文老师的推荐。让孩子读到真正的好书，汲取精华。

（2）笔记原则。我们读过的内容，如果没有做笔记、没有批注感想体会或去应用，很可能读过之后，隔一段时间就没什么印象了，因此做读书笔记非常有必要。对孩子而言，好的读书笔记应该包括简评、摘抄整理和心得体会。

简评就是读完书的某一章节或某一块内容后，要尽量进行总结，用几句话把框架表达出来。这样读到后面，也能通过简评快速回忆之前的内容。

摘抄整理指的是孩子结合作文题材和话题把书中的好词好句和精彩故事摘录下来，进行整理，以便需要时能够快速查找，甚至模仿运用。

心得体会就是在读书笔记中加入自己看完之后的收获和观点，并记录它们的时间，通过对不同时间心得体会的整理，可以发现自己成长的痕迹，这样也为读书增加了成就感。

（3）运用原则。学以致用是读书的最高境界，应当鼓励孩子将书中的有关知识、方法运用到生活和学习中去，真正地将理论和实践相结合。阅读过的知识和方法如果不运用，不进行整理分类，就只能杂乱地堆积在大脑中，时间长了，反而影响大脑运行的速度，甚至还会影响对于其他知识的提取。

3. 如何优化阅读方法

著名文学家培根曾经说过，有些书可以浅尝辄止，有些书则要生吞活剥，只有少数的书是要咀嚼和消化的。因此，不同类型的书有不同的读法。

有四种不同的阅读方法值得学习，这四种方法从易到难。

（1）基础阅读。基础阅读就是能理解句子的含义，能查阅基础的信息，并有一定的记录能力。比如，对于一年级的孩子，能够看图识字，能够造句；对于二至四年级的孩子，能进行功能性填写，比如填写简单的表格，会做阅读理解中的细节题。做到这些，说明基础性的阅读没问题了。

（2）检视阅读。检视阅读是在一定的时间内抓出一本书的重点。孩子在挑选书籍时，就非常需要具备这种能力。例如，需要快速看一下书名、序言、目录，并从目录中挑选几个与专题息息相关的篇章来读。如果这些篇章在开头或结尾有摘要说明，就要仔细地阅读这些说明。这些完成以后，再决定是否买书。总的来说，检视阅读适合获取信息。

（3）分析阅读。比起前面所说的两种阅读，分析阅读更复杂，更系统。语文课上，老师带着学生做的事情就是分析阅读，分析一篇文章的背景、作

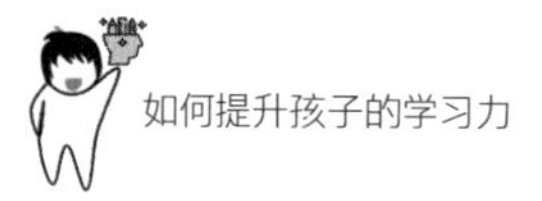

者想表达的主要想法等。

五年级到初三的孩子能够做到比较同一篇文章中的不同观点，再发表自己的看法就很不错。比如，结合《幸福是什么》中三人的对话，说说你关于幸福的观点。

对于古诗词学习，低年级孩子的家长可以通过朗诵的形式，让孩子去感受诗词的韵律和美感，也可以给孩子介绍古诗词当时的时代背景、诗人的经历等，丰富孩子的阅读体验，帮孩子更好地领悟诗词表达的意思。孩子升入小学高年级或初中以后，就完全可以依靠自己和查阅相关资料，开启自主分析阅读模式了。

（4）专题阅读。专题阅读就是围绕一个专题进行有广度和有深度的阅读，使阅读博而专、广而精。它是最高层次的阅读，也是所有阅读中最复杂、最系统化的阅读。做专题阅读时，阅读者会读很多书，并列举出这些书之间的相互关联，提出一个所有书都谈到的专题。

比如，以《三国演义》为专题的阅读，不能只读完《三国演义》的原著就止步了，还有必要读一读《三国志》，或者有关三国人物的文章，甚至读一读作者罗贯中的其他著作，以及了解作者的生活背景等。因为《三国演义》是小说，它描述的不是真正的三国历史，进行专题阅读，就可以对小说背景有一个清晰的认识。

掌握了专题阅读，孩子就可以在阅读的广度和深度上进行自己的规划，不仅会读懂一本书，而且会涉及一类书，还会在阅读中做批注、写读书笔记，也就慢慢地养成了在阅读中学会比较、学会分析、学会综合、学会探究、学会提炼自己的阅读所得，真正爱上阅读。

专题阅读的工作量对中小学生来说很大，需要结合学校的学习任务与情况酌情进行。

上面讲到的各种阅读方法不是相互独立的，实际过程中可以综合运用。

比如，一部儿童文学作品，既可以做分析阅读，又可以做专题阅读，还可以做基础阅读。儿童文学的故事性比较强，通过基础阅读了解人物和故事梗概；通过分析阅读了解作者背后的故事，体会作者写这本书时的经历和想法；通过专题阅读，纵横扩展阅读面，了解同类同时代作家的书，可以让孩子对同一主题的内容有更清晰、更全面的认识。

拆为我用 请结合自家孩子的实际情况，运用本节提到的阅读方法。

理解力

提升理解力，让孩子高效利用课堂时间

上课的时候，老师每次讲完都会问一句：“你们都听懂了吗？”这个时候大部分孩子都会说“听懂了”，但是一到考试，有的孩子得心应手，有的却答不上来。很多孩子都想不明白：明明我都听懂了，很认真很努力了，为什么成绩还是上不去？为啥有的人可以轻轻松松拿高分，我和他到底差在哪呢？

这种情况下，孩子会怀疑是自己笨、反应慢，渐渐地对自己失去信心，从而对学习失去兴趣，而成绩越差就越不愿意学，时间久了就从“不会学”变成了“不爱学”或“厌学”。

人与人之间的智商差距并不大，成绩差并非智力问题，但“学霸”和“学渣”之间的这种差距，反映到课堂上就是“有没有真的听懂”“会不会听课”。这种差距也就是理解力的差距。

同样一节 45 分钟的课，一个理解力强、会听课的孩子可以快速跟上老师的思路，对内容的理解程度能达到 80% 以上，不仅可以掌握新知识，还会学习老师的思维方式和分析思路，将知识点在脑海中形成一个清晰的框

架，并举一反三。

反之，一个理解力不够好、很努力但是不会听课的孩子，他可能听得很认真，笔记也记得很好，但是回家之后发现作业还是不会做，考试遇到的问题也答不上来。孩子看似聚精会神，实则在课堂上完全跟不上老师的节奏，消化不了新知识，也不会主动去思考，并不知道自己哪里不懂，以为自己都懂了。其实这是一种假懂的现象。

一个理解力较强的人很容易看出事物的本质，同时对新的知识能够很快掌握。理解力不是天生的，而是在儿童时期逐渐培养和发展起来的。理解力可以分成三个层次：解码能力、连接新旧知识的能力，以及深度认知的能力。

比如，孩子上语文课，老师教孩子学星空的“星”字，老师带着大家通过认、读、写来学习新字，这就是理解力的第一个层次——解码能力。

接着，老师会把“星”这个新字和已经学过的知识或生活中熟悉的物件结合起来。比如，老师会说：“想一想，星星挂在天上时像什么呀？像不像一个人在对你眨眼睛。”这样就把一个字和物件联系起来了。这就是理解力的第二个层次——连接新旧知识的能力。

最后，老师会把“星”字运用到其他场景中去，组成并理解新的词，比如星空、星光、明星、流星等。这就是理解力的第三个层次——深度认知的能力。

孩子学习一个新的知识或认识一个新的事物是很不容易的，想要教会孩子就要调动三种不同的能力。因此，当孩子下次对你说不懂或不会的时候，你先别着急，可以对照上面理解能力的三个层次，像剥洋葱一样一层一层地去看，看看孩子说的不懂属于哪个层次，然后有针对性地寻找解决方案就可以了。

如果孩子的理解力存在问题，该如何应对呢？

我们先从理解力的第一个层次——解码能力入手。

判断孩子的解码能力是否存在问题，有两种方法：

第一种方法：你可以和孩子一起看看他的课堂笔记或已经学过的课程，找一下他不懂或不理解的源头在哪里。比如，孩子已经开始学习多音字了，当你指着“高兴”这个词的时候，他可以立马读出来，但是当他读到“兴盛”这个词的时候被难住了，这就说明他没能成功解码“兴”这个字，也就是说孩子对多音字的理解和掌握出现了问题。

第二种方法：鼓励孩子把学到的知识大声地说出来。如果孩子在大声说知识内容时出现支支吾吾的地方，就说明这是他知识的薄弱环节，也就是他解码的时候经常会出现问题的地方。

发现孩子解码出问题的地方之后，你就可以根据孩子的问题有针对性地引导他复习，或者进行一定的辅导，加深他的理解。

第二个层次，孩子不能很好地连接新旧知识，缺乏融合能力的问题。

以孩子学习英语时态为例。孩子学习现在进行时，经过系统的练习，基本都知道现在进行时的结构是 be + doing 形式，但是很多孩子在口述的时候就忘记了 be 动词，或者没有根据主语人称情况，将 be 动词改成恰当的形式。

如果主语是第三人称 he、she、it 开头， be 动词就要换成 is，这个知识点在一般现在时里学过，是一个旧知识点。因此，如果老师在讲解 be doing 结构及提醒根据主语的情况更改 be 动词时，反应灵敏的孩子马上就能将这个知识点和一般现在时结合起来，也就是顺利地实现了新旧知识的衔接。

改善孩子新旧知识连接薄弱的问题，我们可以用 KWL 工具。

K 是 know，代表已知的内容；W 是 want，代表想知道的内容；L 是 learn，代表学到的内容。这三个单词分别代表了学习进程中的三个阶段：K（what I know）、W（want to know）、L（what I learned）。

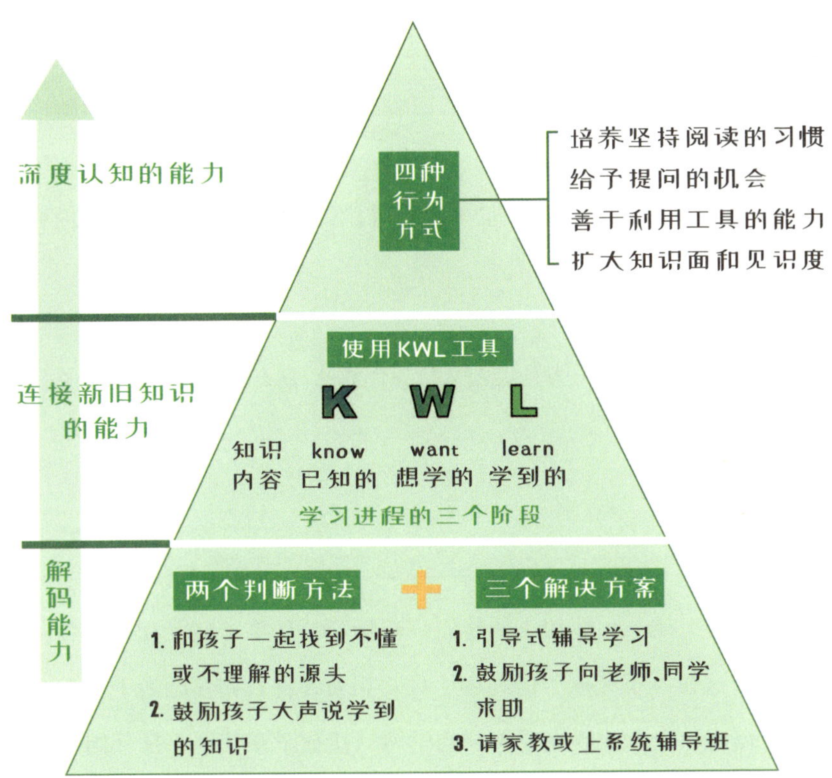

KWL 工具使用方法如下：

比如，明天语文课老师要给孩子讲的内容是《两小儿辩日》，那么在预习前，我们可以让孩子先想一想自己已经知道了什么，然后找出一张纸，把它分成 K、W、L 三列。在第一列里列出自己已经知道的内容，不用担心写下的是否正确。比如，《两小儿辩日》大概的故事内容是什么？故事里对话的人分别是谁？让孩子把关于课文中自己知道的内容全部写出来。

之后，在第二列里记录自己想知道的内容，比如，故事里的孔子是谁？他有什么著名的成就？为什么要学这篇文章？

最后，在第三列里总结自己新学到的内容。到这里，KWL 图表已经完成，这个时候就可以做以下三件事了。

（1）把 L 列里的内容与 K 列里的内容相对比，这样可以看到自己经过

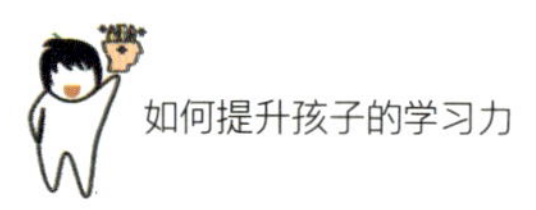

学习之后有了哪些收获或纠正了哪些错误。

（2）把W列里的内容与L列里的内容做比较，看看自己想知道的内容是否都有了答案。

（3）如果还没有，那么就再加一个S列。S代表需要继续研究的内容，这些内容可以作为问题继续提下去。

K (what I know)	W (want to know)	L (what I learned)

你还可以组织孩子和他的小伙伴们一起学习，让孩子们互相传阅各自完成的KWL表，这就等于让孩子借助小工具互相回答各自列在图表上的问题。

而且，相比一个人独立完成这样的学习，让孩子和其他小伙伴组成小组学习，可以促进孩子更多地去思考、提问和互相回答问题，会让知识记得更牢，理解得更彻底。

最后，我们来看第三个层次——深度认知的能力。缺乏这种能力的孩子往往很难做到举一反三。因为这种孩子对知识的理解只停留在表面，不能做到深刻理解和运用，也就很难具备迁移类比的能力了。

在日常生活中，可以通过四种行为方式来提高孩子深度理解知识的能力，即培养孩子坚持阅读的习惯，给予孩子提出问题的机会，教给孩子善于利用工具的能力，以及扩大孩子的知识面和见识程度。

1. 培养孩子坚持阅读的习惯，从文字中提高理解能力

孩子的理解能力很大程度上表现在阅读理解上，如果孩子不接触文字，他的理解能力就会停滞在日常交流上，很难对书面文字有理解。家长应该鼓

励孩子多阅读，读得多了，孩子的理解能力就会提高。

2. 给予孩子提问的机会

理解能力和提问能力有很大的关系。面对一句话、一个新事物或一个陌生的知识点，不理解的孩子多半会放过去，而爱提问的孩子则会多问几个为什么，家长一定要耐心，并且要正确地引导孩子，帮助他解决问题的同时，鼓励他坚持独立思考和提问的好习惯。

3. 教给孩子善于利用工具的能力

在日常生活中我们会遇到各种各样的问题，要让孩子学会利用工具书来解决问题。比如，读书时遇到不认识的字或自己弄不清楚的词语、成语等要学会查字典。在查字典的同时，还可以学习生字和生词，增加知识的积累。如果提出了问题，还要会利用百科全书及网络搜索引擎去寻找答案。这种自主的寻找问题解决方案的能力，对孩子理解能力的提高也相当重要。

4. 扩大孩子的知识面与见识程度

孩子的理解能力与他的知识面有很大关系。为了提高孩子的理解能力，可以多给孩子补充一些他感兴趣的课外知识，多带他参加一些社会活动，多外出旅游踏青，让他用眼睛看、用耳朵听、用身体去感受新鲜事物。

拆为我用 让孩子运用 KWL 工具，做好课前预习笔记、课堂笔记，以及反思笔记。

创造力

培养创造性思维，提高解决难题的能力

很多人总以为创造力是天生的，但科学研究已经证明，创造力是可以后天习得的。每个孩子都具有创造力，家长只要保护和培养孩子的创造潜力，为孩子营造良好的家庭氛围，提供丰富和自由宽松的环境，充分发挥孩子的主动性和积极性，就可以培养他创造的欲望、兴趣和能力。

创造力越高，孩子越自信，兴趣更广泛，好奇心强，想象力也更丰富。有创造力的孩子喜欢问问题，而且不会轻易满足简单的答案。更可贵的是，对于相同的问题，有创造力的孩子通常有自己独特的见解。

创造力与孩子的学习能力密切相关。科研人员以某学校高一年级学生为调查对象，探究了创造力与孩子学习之间的关系。结果表明，性别之间无显著差异，男性发明创造居多，与外界环境对男性的重视等因素有关；孩子学科成绩与创造力有明显关联，这需要孩子具备创造性思维能力。

什么是创造力

创造力是指产生新思想，发现和创造新事物的能力，是由知识、智力、

能力，以及优良的个性品质等复杂因素综合优化而构成的。它大致包括五种不同类别的能力：敏觉力、流畅力、变通力、独创力与精进力。

敏觉力是指善于察觉事物，对周围的事物和问题反应敏捷。比如，新的一天，小明刚走到座位，就发现他的同桌理发了，或者换了一个笔袋，这就说明小明的敏觉力很好。

流畅力代表从同一事件与问题中，能想出更多可能的情况与答案。比如，老师在课堂上要求全班学生在特定的时间内写出任何与“包”有关的词语，想得越多，说明流畅力越好。

变通力是指随着情境的不同做出变化，可以举一反三、触类旁通，不受固有环境约束。比如，在提到联谊聚餐场地时，很多人想到的是餐厅，但有人会想到休闲中心、野外餐饮等。能从其他维度给出想法的人，其变通力就更好。

独创力就是能想出别人想不到的创意或发明。比如，有人发明了汽车自动车罩，在下雨天和暴晒的天气，自动车罩就能自行将汽车罩住，这个点也许很多人都没想到。

精进力指的是在基本的观念上不断修订、美化，增加有趣的细节，务求做到完善。比如，曹雪芹对《红楼梦》里的人物形象和心理活动进行了非常细致的描写，表现了他强大的精进力。

如何科学地培养孩子的创造力

培养孩子创造力的基础是要提高孩子的思考能力，我们可以从发散思维与聚合思维两个方面对孩子进行锻炼。

1. 发散思维

发散思维也叫辐射思维，它是指在现有信息的基础上运用多种思考方法创造信息或解决难题，会对同一个问题探求不同的答案，是一种开放性的思维方式。

提高孩子的发散思维能力，可以运用头脑写作（Brain Writing）训练方法。

头脑写作是一种在短时间内由一群人来引爆大量创意的方法，利用集体思考的形式，把不同人的想法相互激发，从而引导参与者自由奔放地想出大量的新构想，这样的方式比单独思考更有效率。

头脑写作运用很简单：大家围坐在一起，在特定的时间范围内，比如限定 5 分钟，每个人每次在纸上写不超过三个想法，然后按照顺序交给旁边的人去加入三个新的想法，新写的人不能与他人之前所写的想法重复，也不能对他人的想法做任何判断，只要提交新的想法就好。经过 5 分钟的练习之后，不同人的想法相互激发，大家的思维也得到了发散。

在使用头脑写作的过程中要注意四个方面：

- 不可批评别人的想法。
- 想法越多越好。
- 自由思考，运用想象。
- 根据他人想法加以改善。

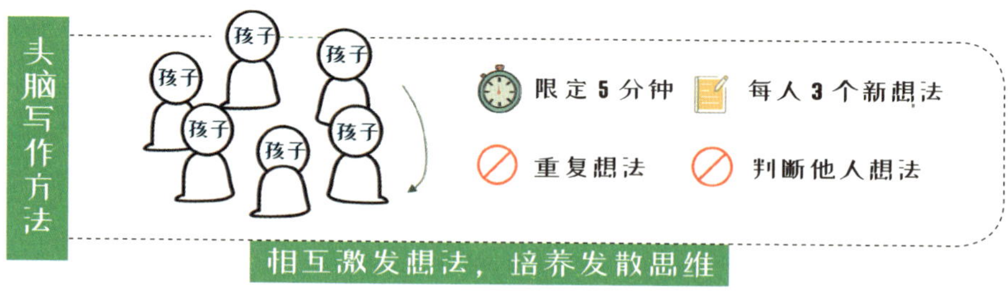

批评他人想法

想法越多越好

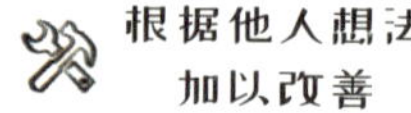

除了头脑写作，思维导图、六顶思考帽子等都是培养孩子发散思维的好方法，思维导图会在下一章中重点介绍。

2. 聚合思维

聚合思维也叫集中思维或求同思维，是指我们利用已有的信息，通过理解、分析、综合等方式进行思考，以求得正确的结论或最佳答案。

聚合思维是创造思维的基本方法之一，我们可以通过四法（求同法、求异法、共变法和剩余法）的运用和训练，帮助孩子掌握和运用聚合思维。

求同法也叫求同除异法，它是指从多种不同的情况中，排除不相干的因素，找出共同的因素。寻找这个共同条件的方法就叫求同法。

比如，在化学课上，老师提出火焰变黄的原因，并把食盐、苏打和芒硝提供给孩子，用以分析其中的原因。食盐、苏打和芒硝的化学组成不同，性质也不同，但是利用求同法的思维方式，把三种样品的化学分子式分别写出来，我们会发现它们有一个共同点——都含有钠元素，由此可以明白钠是火焰变黄的原因。

任何学科的学习，我们都可以利用求同法来帮助孩子思考问题。当然，求同法只是逻辑思维中寻求因果关系的一种方法，它有一定的局限性，不适用多种因果联系的分析。如果遇到复杂问题，要和其他思维方式结合使用。

求异法是从两种或多种情况的差异中寻找原因的方法，如果某种现象在第一种情况下出现，在另一种情况下不出现，而这两种情况只有一个条件不同，那么这个条件就是这一现象的原因，寻求这一条件的方法就叫求异法。

求异法是一种在科学实验和日常课堂学习中非常有用的思维方式，甚至不少科研人员都运用求异法获得了新的研究成果。

比如，在物理课堂上，讲解二力平衡时，老师会先给出二力平衡的实例，即两个力满足同物、同线、等大、反向。再给出一个例子，此时两个力满足同物、等大、反向，此例结果物体不平衡，由此归纳出二力平衡必须有同线这个条件，此处所用的方法就是求异法。

通常情况下，求同法与求异法会结合使用，这样得出的结论就可靠得多，也更有助于提高孩子的聚合思维能力。

所谓共变法，就是当某一因素发生变化时，另一因素也随之发生变化。由此可推知，这两个因素之间可能存在因果关系，前一因素是后一因素变化的原因。这种分析两类现象共同发生变化的思维方法就称为共变法。

共变法在物理和化学的推理与实验中运用较多。我们日常生活中很多用品其实都运用了共变法的原理，如温度计、体重秤等。

剩余法也是聚合思维的一种方法，其思考过程是这样的：先考察某个复合现象，找出引起这个复合现象的复合原因，其中有些具体现象的具体原因确定了，而另一些现象的原因不能确定，然后把已经确定原因的现象一一排除，那么剩余的部分就可能有因果关系。

医生在对患者进行问诊时，通常都会用到剩余法来排除其他外在因素，寻找真正的病因。

四种方法培养孩子的聚合思维

求同法	从多种不同情况中排除不相干因素，找出共同因素。
求异法	从两个或多种情况的差异中寻找原因。
共变法	分析两类现象共同发生变化，挖掘因果关系。
剩余法	考察某个复合现象，找出引起这个现象的复合原因。排除已经确定的因素，剩余部分可能是因果关系。

以上四种聚合思维方法各有其优点和不足，我们在教孩子的时候要依据

具体情况，采用相应的方法。一般来说，综合运用多种方法效果较佳。经过训练并经常自觉运用思维方法将会大大提高思维能力。

除了锻炼孩子的发散思维与聚合思维，家长在日常生活中还可以运用其他方式来帮助孩子挖掘创造潜力。这些方式包括：

（1）为孩子提供创造性表达所需的资源。在家里给孩子提供一个涂鸦区，让孩子可以在那里随意创作。

（2）把家变成培养创造力的试验场。为孩子营造富有创造性的氛围，收集孩子的不同想法，培养他的创造力。

（3）鼓励孩子体验犯错和失败。人都是在不断犯错之后才懂得分辨对错，慢慢成长起来的。家长要鼓励孩子，不要因为害怕失败、评判及再次犯错，而不敢去想去做，进而抑制了自己的创造性思维和沟通表达能力。

（4）重视过程而非结果。科学研究显示，如果更注重孩子的认知过程而非成果，孩子的创造力会得到明显发展，孩子会更容易平和地理解在创作过程中的经验细节，从而打开思维。在动手动脑发散思维的过程中，孩子思考和解决问题的能力得到了锻炼。家长不要在意孩子获得了什么，试着用启发性的语言和孩子沟通，比如在孩子创作的过程中问他："你创作的是什么呢？你喜欢创作哪些部分呢？"

拆为我用　运用头脑写作方法与孩子一起写出新冠疫情给个人带来的影响。

添加一芳老师微信，
一起高效陪伴孩子成长！

第五章

| 学习方法 |
六种技巧，让孩子学习更高效

想要实现高效学习，有必要掌握一些方法和工具。面对不同的学习情景，选择最适宜的方法，能让本来复杂的问题变得简单。

刻意练习

难点突破，让孩子做题又好又快

瑞瑞和杰杰是同班同学，他们两个人都很喜欢打乒乓球。瑞瑞有专业的乒乓球教练，每天练习两个小时，而杰杰则自己每天练习两个小时，两个孩子经常一起打乒乓球进行比拼。刚开始杰杰进步神速，实战感觉非常好，经常赢瑞瑞。瑞瑞一开始感觉手特别生，只能做一些基础的动作，比如颠球、挥拍等。但是过了三个月，瑞瑞却轻松打败了杰杰，因为瑞瑞在专业教练的帮助下，基本功变得很扎实，动作也更加到位。

这个事例说明，科学的训练方法比自己摸索练习更具优势，专业的指导带来及时的反馈和纠正是自己摸索练习替代不了的，这也是刻意练习中的一个很重要的元素。

什么是刻意练习

刻意练习不仅仅是重复练习，它包括提高表现、挑战学习者和提供反馈等一系列过程。刻意练习与死记硬背不同。死记硬背是简单地重复一项任务，

本身并不能提升自身能力，而刻意练习包括注意力、排练和重复，并能带来新的知识或技能，这些知识或技能后来可以发展成更复杂的知识和技能。尽管智力和动机等其他因素也会影响效果，但想要获得专业知识，练习是必不可少的。

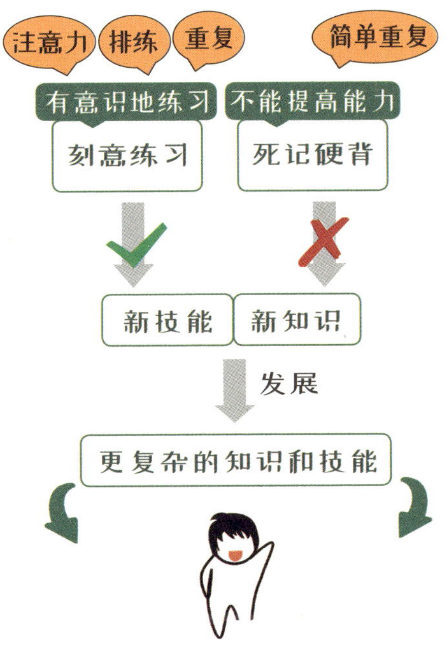

对于中小学阶段的孩子，进行刻意练习是很有益处的。

（1）刻意练习能帮助学习困难的孩子提升能力，使他达到更高水平。研究表明，孩子积极参与课堂活动，在得到及时反馈的情况下完成重复的任务，能够建立技能并改变行为。而且，通过老师的指导教学和设计实践，可以帮助学习困难的孩子提升能力，使他达到更高水平。

（2）刻意练习能够解决学习瓶颈的问题。孩子学习一段时间之后，经常会遇到学习瓶颈。在瓶颈期，孩子的能力和思维似乎很难提升上去。知识和技能从陌生进入熟练期这个阶段，如果给孩子制订一个合理的计划，每天集中1～2个小时去攻克自己薄弱的地方，进行刻意练习，让老师给予详细的反馈，然后孩子再进行修正和完善。那么经过一段时间的练习后，孩子也就突破了瓶颈，能力和思维都会提升一个台阶。

（3）刻意练习有助于培养独立学习者。在一些领域，如音乐和象棋，孩子逐渐发展的技能可以帮助他独立推理和评估自己的表现。这不仅是心理上的，也是生理上的。美国畅销书作者丹尼尔·科伊尔在《一万小时天才理论》一书中指出："神经越活跃，髓鞘包裹得越多……信号传播的速度就越快，比通过非绝缘纤维传输的信号的速度快100倍。"简单来说就是，经过深思熟虑的、科学的反复练习，让狭窄的神经通道变成了"高速公路"。

刻意练习与一万小时理论的差别

一万小时理论是社会学家马尔科姆·格兰威尔提出的。以一万小时作为一个临界点，经过长时间的训练，一个人将会成为某个领域的专家。

当我们审视任何类型的复杂的认知行为时，如国际象棋的对弈、小说写作或成为一名神经外科医生，我们都能发现不经过一万小时的练习是不可能将之熟练掌握的。每周20小时并坚持10年，大脑在经过如此长的时间后，能够吸收所需要的各种因素以精通某事。但是一万小时理论也有缺陷，它忽略了人与人之间天赋的差异，以及不同技能要求之间的差异。另外，简单的工作量重复一万小时，或者用错误的方法重复一万小时，都不会在某个领域给人带来成功。相反，刻意练习却可以做到。

孩子在实践刻意练习时有几点需要注意的事项：

（1）刻意练习要建立在技能定位较成熟的领域。比如，语文、数学、英语、音乐、舞蹈、体育、棋类等有固定评分标准的领域适合刻意训练。

本书第三章第二节分享的英语进步巨大的小宇，通过他的故事，我想告

诉大家，孩子对某一学科内容掌握不太好，真的是可以通过刻意练习来进行弥补和改善的。

（2）刻意练习需要付出几乎最大限度的努力。付出最大限度的努力并不是一件令人心情愉快的事情。刻意练习是处在舒适区之外的。人的身体偏爱稳定性，舒适区的正面作用是心理安全、自我情绪的稳定及维护自我的形象。负面作用就是温水煮青蛙，懈怠保守，不思进取，故步自封。因此，刻意练习的过程注定是痛苦的，它所带来的兴趣和喜悦来自成就感。

微案例：抗拒拉小提琴的小敏后来喜欢上了拉小提琴

拉小提琴对孩子而言是非常辛苦的。小敏的爸爸每天要陪着孩子练习拉小提琴两个小时。虽然小敏的爸爸不会拉琴，但是音准、练琴姿势等他是了解的。因此，在小敏练琴的过程中，爸爸会第一时间给予反馈并要求小敏纠正。

小敏一开始总想放弃，甚至一度非常抗拒练琴，但是在爸爸和老师的陪伴、督促与指导下，她还是咬牙坚持了下来。后来小敏逐渐喜欢上了练琴，但真正让小敏喜欢上练琴的原因是小敏在小提琴比赛中获了奖。一次次的比赛获奖肯定了小敏努力的意义，也让她相信自己的能力和天赋。虽然日复一日地练琴很辛苦，甚至枯燥，但是比赛获奖让小敏觉得这一切努力都是值得的。

（3）在刻意练习的过程中，我们需要设定一个精确的目标和计划。精确的目标和计划便于孩子持续不断地看到自己的一点点进步。每次只关注它们中的一个，并且可以在每次达到一个目标时给自己一个小奖励。

钢琴老师知道，对于年龄较小的孩子，需要将长期目标分解成多个等级。这样孩子每达到一个新等级便会产生一种成就感，既能增强他的动力，又能使他在练习的过程中，虽然看似没有进展，但也不会灰心丧气。

（4）刻意练习需要有效反馈。有效反馈包括练习时在哪些方面不足，怎么会存在这些不足，以及现在离目标还有多远。很多时候自学没有效果，是因为学生无法自己给学习提供有效的反馈。学了多少，是什么样的问题，学到哪里了……这些对于一个还没有入门的人来说，是很难把握的。因此，刻意练习需要一位权威的老师。练习的早期，大量的反馈来自老师或教练，随着时间推移，学习者要学会自我监测，自我调整。

如果没有老师，如何获取有效的反馈呢？

可以使用 3F 原则，即专注（focus）、反馈（feedback）及纠正（fix it），将技能分解成一些组成部分，以便反复练习，并有效地分析不足之处，然后想出各种办法来解决它们。

富兰克林是美国著名的政治家、物理学家和发明家。他在自传中说他一生只在学校读了两年书，童年时所接受的教育让他只能成为一名普普通通的写作者。但是，他后来却参与了美国《独立宣言》的起草工作。这中间的巨大进步就是刻意练习的结果。在自传中，他描述了自己年轻时怎样致力提高写作水平。有一天，他偶然看到一期名为《观察家》的英国杂志，被里面高质量的文章深深吸引。富兰克林决定，也要写出出彩的文章。但没有人教他怎么练习，于是他按照 3F 原则，自己规划了一系列方法，既可以帮自己提高写作技能，又可以教别的投稿者提高写作水平。

微案例：自学成才，口语超级棒的慧敏

慧敏的口语特别地道，刚开始我猜想她本科读的应该是英语专

业，然而不是，她本科读的是管理。当时，我很纳闷她是怎么把英语学好的，跟她聊了之后，我发现她学英语很有方法。

她会找来一些带字幕的英文电影，一遍又一遍地观看，在观看的时候把字幕遮住，努力去理解片中人物所说的话。为了检验对片中人物语言的理解，她看了许多遍之后再把字幕显示出来。针对理解有问题的地方，她会停下来进行纠正，然后继续看，直到完全能理解人物对话为止。

她不只是一遍遍地做同一件事，还每次都关注自己错的地方，然后进行纠正和再次练习。通过一遍遍地听同一段对话，她理解英语的能力比起简单地观看许多不同的电影来练习，得到了更快的提高。

3F 原则可以广泛运用于孩子的学习中，比如用听写练习的方式提高孩子的听力，对照优美文章练习英语的翻译能力等都是可以的。

拆为我用 请与孩子一起制定一个英语口语提升方案，运用 3F 原则提升孩子的口语水平。

思维导图

将思维具体化，实现高效学习

孩子上学之后经常会因为以下问题令家长头痛：课堂笔记乱，知识点记不住；阅读理解抓不住重点，一问三不知；写作没思路，脑空词穷半天不动笔；审题马虎，数学解题思路混乱；错题本上记了一堆，然而考试还是一错再错；语法知识不成系统，经常缺这少那；单词记不住，英语一塌糊涂；学习没计划，浪费大量时间；等等。

有没有一个好的方式能改善这些问题，让孩子高效学习，加深对知识的理解呢？有，它就是思维导图！

思维导图也被称作心智图或脑图，它是一种有效的发散性思维工具。思维导图实质是一种可视化的图表，能够还原大脑思考和产生想法的过程。通过捕捉和表达发散性思维，可以对大脑内部进程进行外部呈现。

思维导图运用范围广泛，生活、学习、工作中都大有用处。在日常生活中，我们可以利用思维导图做计划安排、清单和旅游计划等，孩子则可以将思维导图运用到学习中。

在美国，它是上幼儿园和小学的孩子必会的学习工具。老师借助它给孩子上课，帮助孩子理清思路，锻炼孩子的思维能力、学习能力和写作能力。

新加坡教育部将它列为小学必修科目。要求孩子能够熟练地把不同类型的思维导图分别或综合运用在阅读、写作、数学、逻辑思考、行为习惯等方面。因此，说它是孩子的一项必备技能一点也不为过。

研究表明，从小对孩子进行系统的思维导图训练，能使孩子智商提高10%。思维导图可以帮助孩子预习课文、背诵诗词、阅读分析、语言表达。

直观、形象的数学思维导图可以帮助孩子理解抽象的公式、定理，帮助孩子建立起数学思维，养成巩固、自省、提升的闭环学习方法。

在英语方面，思维导图可以帮助孩子科学高效地识记单词，掌握基础的语言规律，建立不断完善的语法地图，进行高效的写作输出，等等。

相比于传统的记忆方法，思维导图层次分明，条理清晰，可以帮助孩子理清思路，提高归纳整理能力；简单明朗，高效思考，锻炼孩子的思维发散能力；重点突出，帮助提升关键词提取能力；图文并茂，增加趣味性，使孩子乐在其中；活用左右脑，帮助孩子进行快速记忆与回忆。

它还是一个绝佳的复习工具，能帮助孩子节省大量的复习时间。

绘制思维导图，大致可以分为五步：

（1）画出中心图像。

在纸的中心画出能够代表你心目中主体形象的中心图像。中心图大致是纸张的 1/9 大小。

（2）先从图形中心开始，画一些向四周放射的粗线条。

在空白纸的中央画一个图像代表你的目标。用图像来做思维导图的起点是很重要的，因为图像可以激发你的想象力，启发你的思维。

在最开始的时候，建议使用鲜明的色彩来突出重点、创造结构、激发创造力，以及刺激视觉流动和强化图像在头脑中的印象。总体上至少使用三种

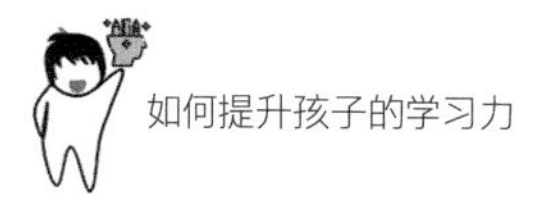

颜色，而且要创造出自己的颜色编码系统。颜色可以分层次使用，也可以主题使用，还可以用于强调某些要点。可以使用弯曲的线条，因为它们看上去比直线更有趣味，也更容易记忆。

每一条线都可以使用不同颜色，在每一个分支上用大号的字清楚地标上关键词。这样当你想到这个概念时，这些关键词立刻就会从大脑里跳出来。

（3）学会提取关键词，切忌把整行甚至整段文字放在分支上面。

关键词就是表达某个重点意思（内容）的最简洁的词语。它可以从文中找出，也可以通过归纳总结来获得。由于意思是有层次结构的，因此关键词也是有层次结构的。

我们把大量的文字写在分支上，不会真正减轻大脑记忆的负担，更不利于大脑做出正确的抉择与判断。因此，一定要把提炼的内容和关键性词语放在分支上。

关键词有三个特点：表达某个重点意思、简短精练、有层次结构。

（4）在思维导图上增加一些分支。

大脑短期记忆的信息量是七个左右，因此，一张思维导图中主要分支的数目在七个为好。如果内容太多，可以分成两张或多张思维导图。

在绘制二级分支和三级分支的过程中保持联想，为每个分支选择的词语可能包括谁、什么、哪里、为什么、题目或情形如何。

另外，要善于总结和提炼，可以把某些比较接近的内容合并到一个分支中。同样，如果分支数目比较少，也可以把内容过多的主要分支拆分成几个分支。这样可以达成整体的平衡，整个布局看起来也比较美观。

（5）善于运用想象力，改进思维导图。

可以利用我们的想象，使用大脑思维的要素——图画和图形来改进这幅思维导图。“一幅图画顶一千个词汇”，它能够让我们节省大量时间和精力，从记录数千词汇的笔记中解放出来！同时，也更容易记忆。

因此，我们可以在每一个关键词旁边画一个能够代表它、解释它的图形，使用彩色水笔并加上一点儿想象。

五步绘制出思维导图

纸张横放，
选择合适的绘图工具

中心
图像

心目中主题形象
中心图占 1/9 张纸

从图形中心开始画一些
向四周放射出来的粗线

关键词

鲜明色彩突出重点、创造结构，
颜色不多于 3 种，
弯曲线条增强趣味性

学会提取关键词
切忌整段摘录

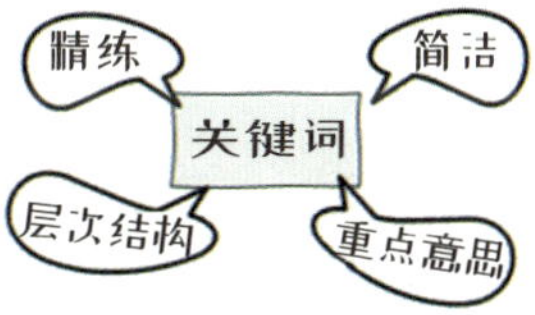

精练
简洁
关键词
层次结构
重点意思

从文中找到或归纳总结提炼
关键词放在分支上

在思维导图上
增加一些空白分支

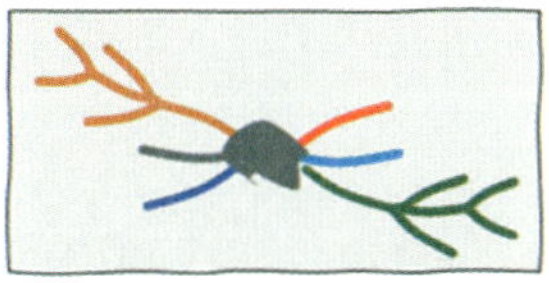

主要分支不要超过 7 个，
二三级分支保持联想，
善于总结和提炼

善于运用想象力
改进思维导图

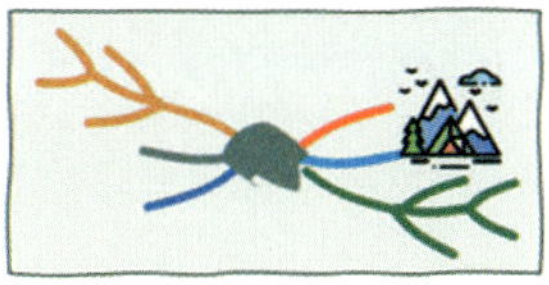

利用想象，使用大脑思维的要素——图画和图形来改进，让思维导图更有趣，同时增强记忆力

这里，我们以唐朝诗人王维的一首古诗词《画》（远看山有色，近听水无声。春去花还在，人来鸟不惊。）为例，一起来看看怎么指导孩子绘制思维导图，从而让他能够对古诗形成深度理解，产生画面，形成有效记忆。

首先，家长可以带着孩子快速通读全诗，了解主题和分析关键词。事实上，该诗一共分为四个部分：

第一部分，主题“远”，关键词“看、山、色”。第二部分，主题“近”，关键词“听、水、无声”。第三部分，主题“花”，关键词“春去、花在”。第四部分，主题“鸟”，关键词“人来、不惊”。

其次，家长带着孩子理解难点，比如，色是什么意思？惊又是什么意思？当然，色指颜色，也有景色之意；而惊则是指吃惊、害怕。

然后，开始理解全诗的意思和作者想要说明的点：看远处的山往往是模糊的，但画上的山色却很清楚。在近处听流水，应当听到水声，但画上的流水却无声。在春天盛开的花，随着春天的逝去而凋谢，画上的花不管在什么季节都盛开着。人走近，停在枝头上的鸟就会受惊飞走，但画上的鸟不会受惊飞走。全诗读起来似乎行行违反自然规律，实则表达了诗人对画中美好事物的向往和对现实的忧伤。

接着，就是画思维导图，画出中心图案、一级分支、二级知识点，以及关键词和内容。

最后，家长带着孩子对全诗进行回顾和复述内容。

经过一系列的步骤，通过对古诗的分析及思维导图的绘制，孩子对古诗的理解和记忆加深了。

拆为我用 请鼓励孩子将本学期英语教材中已经学过的单元知识点以思维导图的形式展现。

突破式学习

以点带面，突破成绩瓶颈期

很多家长都有这样的疑问：我觉得孩子天天都挺努力的啊，各种练习题加试卷，还报了两个课外班，可为什么成绩还是上不去呢？

确实，有的孩子看起来非常勤奋，学习的时候分秒必争，每天的学习时间都安排得很紧凑，可是这样下去会导致一个问题，就是孩子学习时间长了，休息时间短了，间接或直接地影响孩子的学习效率。学习效率下降，上课跟不上老师的节奏，孩子就会变得更加急躁，越着急学习越跟不上，慢慢地形成了一个恶性循环，这也是低水平勤奋的一个开始。

低水平勤奋实际上是一种战略上的懒惰。从表面看，孩子确实是在学习，在努力，但实际上只是看着很刻苦，在学习的过程中并没有沉下心来好好钻研，解决学习中真正遇到的问题。

孩子可能缺乏足够的自查自纠能力，家长可以在孩子平常的学习中引导他去发现自己的弱项，进行总结和反思，同时也要掌握一定的方法，帮他实现高效勤奋。

如何克服低水平勤奋

1. 有效的精力匹配

有效的精力匹配，就是在自己最有精力的时间段做最重要的事。比如，早晨学校里一般都安排早读，对于大多数学生来说，早晨记单词非常高效，但是对于另外一部分学生来说，早上专注力并不好，早读效率就不高。因此，一定不要逼着孩子在某个时间段做其他孩子也在做的事情，可以根据孩子的实际情况做具体安排。有的孩子晚上心最静，比较适合思考问题，解答日常学习中思考不出来的难题。有的孩子天生精力充沛，晚睡也没关系，还有的孩子必须睡够 8 个小时才会有精神。这些都需要家长在平时多留心，帮助孩子找到最适合他的学习时间和方法。

2. 确定学习任务的优先级

现在提倡孩子全面发展，先学什么，应该如何合理地分配各科的学习时间，就显得格外重要。很多孩子因为不能很好地协调这些学科之间的关系，出现了偏科的现象。还有的孩子看到这么多学科和学习任务要处理，直接就乱了阵脚。

到底应该先做哪件事呢？是先背单词，还是整理物理错题，或是复习新学的知识，抑或是预习明天的语文课文呢？到底应该如何协调呢？

你可以让孩子把当下所有需要完成的学习任务都写下来，然后进行一个优先级的排序。一定要把孩子觉得最重要的那件事——对自己提升成绩最有效的那件事情排在第一位，确保孩子做的一直都是最重要的事情。

当孩子一直在做最重要的事情时，也就确保了他的时间是被高效利用的。等把排在第一位的事情做完以后，就把它划掉，然后再做第二件觉得很重要的事情。以此类推，任务自然都能完成，不用再手忙脚乱。

3. 把计划落到实处

计划列出来，仅仅是学习任务开始的第一步，要想高效地进行学习，还需要执行计划。帮孩子更好地落实计划，你可以让孩子把每天要做的计划在实施的前一天晚上都写下来，最好是孩子自己一笔一画写下来，而不是家长代替孩子去打印或者罗列。让孩子一笔一画写下来，更符合他的实际需求，自己制订的计划，完成起来也更有动力。

但是在实施过程中有一个困难，就是对于孩子来说，已经学会的那部分算是孩子的舒适区，一直学这部分内容，不会带来什么不适感，甚至有的孩子会非常乐于学习。然而，真正的学习需要孩子去挑战舒适区以外的任务，比如平常解不出来的一些练习题，或者捉摸不太明白的英文句子等。

很多孩子在突破舒适区的过程中一直得不到积极的回馈，就产生了抗拒和逃避行为，表现为没耐心，坚持不下去。这时需要家长对孩子进行鼓励和安慰，辅助孩子突破舒适区，成功过渡到新的学习阶段。

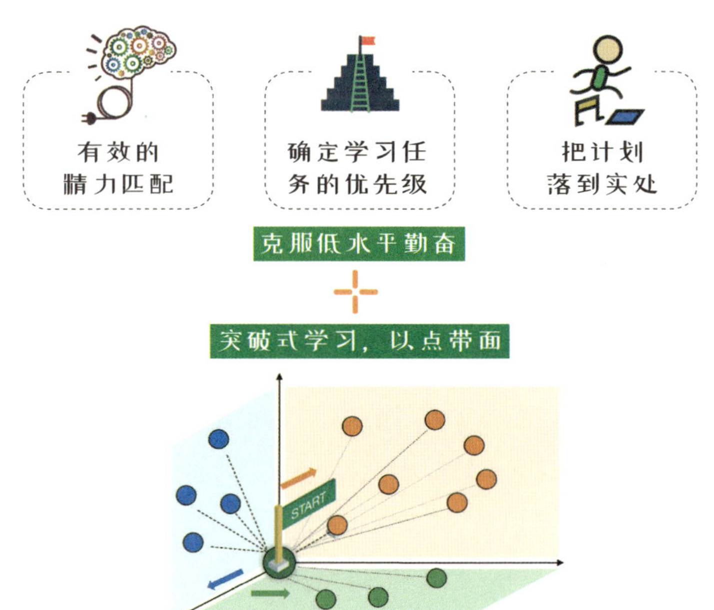

突破式学习，以点带面

突破式学习，以点带面，简单理解就是我们从遇到的某一个点出发，从而联想到一个“面”，甚至是不同的“面”，这样就拓宽了我们的思路，可以帮助我们更加有效地解决问题。

以孩子学习古诗为例，如果只是进行单篇的背诵和鉴赏，内容就会显得分散零乱，难以形成有效的体系，但如果想在有限的时间里了解更多诗派及诗人的诗歌特点，怎么办呢？这就需要学习有代表性的诗歌，从而带出该诗人、该诗派的其他诗歌，最后进行总结归纳，这就是以点带面的学习方法，省时省力，还保证了学习的系统性。

以学习唐诗为例，可以先了解王维的《积雨辋川庄作》，然后带出王维的《辛夷坞》，再带出孟浩然的《宿建德江》。通过前面的学习，在面上总结两人的山水田园诗的不同创作风格及写作手法，接着再选高适、岑参、王昌龄等人的诗歌来品味边塞诗派的特色，再接着由李白带出杜甫，通过分析咏史诗、咏物诗的代表性篇章，从面上概括这些诗歌的特点。

以点带面、点面结合的诗歌教学思路是一种非常好的方法。它可以让孩子积累一定量的诗词，初步形成鉴赏诗词的概念，培养诗词鉴赏能力。

微案例：没有掌握基本英语句型的小露是如何取得高分的？

几年前，北京的英语中考题中还有完成句子这一题型，学生们需要熟练地掌握 50 个句型。小露总是在这道题上被扣分，很多时候是因为句型掌握不牢。其实这道题基本算是送分题，除了最后一道小题会稍稍拉开差距。小露也为自己每次在这道题上扣分感到非

常苦恼，后来她痛下决心，一定要在这道题上拿满分。她是怎么做的呢？

首先，她把50个句型都默写出来，然后在每个句型下面写一个例句，自己再仿写一句，让我来检查，她再根据我给出的修改意见把仿写的例句完全消化。这样下来，她把50个句型都理解了，最后一道小题也就没问题了。而且非常可贵的是，这个孩子把自己之前仿写的句子再进行改写，换词，加修饰词语，变成长句或英语的从句，这样她的作文也得到了很大的提高。结果，这个孩子在那一年的北京英语中考中取得了高分。

小露用的就是突破式学习，以点带面的方法。

拆为我用 请带着孩子用以点带面的方法，一起准备孩子接下来的考试！

学习笔记

做好两种笔记，让学习更有体系

做笔记是学习过程中非常重要的环节。

一方面，做笔记可以帮助孩子延缓知识点的遗忘速度。

课堂上，孩子对于知识的获取方式主要是依靠眼睛看黑板、耳朵听老师说，通过视觉和听觉把内容传输给大脑。这种方式对于理解新的知识点是非常有效的，但是这样学到的知识只能作为一个短期的记忆储存在大脑里，让你觉得“我已经记住了”，但很快就忘了。通常来说，新学的知识如果不加以复习，两天之后只能记得27.8%，而做课堂笔记就可以很好地改善这种情况。

另一方面，做笔记可以帮助孩子厘清记忆思路，标注学习的重点及辅助记忆的延伸。

当老师在教孩子一个新知识的时候，为了帮助孩子理解，老师会把新的知识点和其他内容关联起来。在这个过程中，孩子在理解新知识的同时，就要做好重点记忆的标注，以及辅助理解的标注。

在这种情况下，做好课堂笔记就是一个很重要的方式。主动消化学习材料，积极思考，并用自己的语言记下关键点，这个记笔记的过程本身就是学习。

1970 年的一项研究发现，学习新知识的一周后，记笔记的学生成功记住内容的概率相比不记笔记的学生高出 7 倍。

很多家长有疑问：一边听课一边做笔记会不会影响听课质量？

没有科学方法地一边听课一边做笔记确实会影响听课质量。而且，孩子也不可能像一台复读机，把课堂上老师讲解的每一句话都记下来。因此，家长要告诉孩子如何高效而有重点地做笔记。

课堂笔记和反思性笔记

孩子的笔记至少包括两个方面，即初步学习时的课堂笔记和随后的反思性笔记，尤其是错题的梳理。

1. 课堂笔记

课堂笔记应当包含七个方面的内容：

（1）记提纲。记老师列出的提纲。

（2）记重点。老师所强调的重点，也是一节课最核心的部分，这个部分肯定需要记忆。

（3）记补充。课本上没有，但是老师补充的内容。这部分内容是知识点的延伸和补充，也是考试时高分的孩子与普通的孩子拉开差距的部分。基础知识掌握得还不错的孩子非常有必要掌握这一部分，而基础知识比较薄弱的孩子则需要重点理解课本内容。

（4）记弱项。结合老师讲课的内容，自己需要加强的部分。比如，课堂上老师讲解的知识点好像懂了，但是只做了 1 道练习题，那课后就有必要多做一些围绕该类知识点的巩固练习。

（5）记疑点。对老师在课堂上讲的内容有疑问应及时记下。比如，课堂上不懂的概念，可以考虑记下例子。如果一个概念确实难以理解，为解释留下空白，并用问号标记，课后再查阅相关资料。

（6）记方法。记忆老师讲的解题技巧、思路及方法。我曾经教过一个数学特别厉害的孩子，他上数学课的习惯就是重点记忆老师讲解经典例题和新颖解题思路的方法。

（7）记总结。记住老师的课后总结，这对于浓缩一堂课的内容，找出重点及各部分之间的联系，融会贯通课堂内容都很有作用。

2. 反思性笔记

反思性笔记包括对错题的反思和梳理，以及在定期整理错题本时不断进行的总结反思。

孩子要从中发现自己在知识板块、知识点、题型、解题的方法和思路方面存在的问题，对自己的知识结构框架与学习习惯、解题习惯等方面进行评价，并以此制定和调整自己的学习目标，再进行针对性的复习和训练，从整体上提升学习能力。

康奈尔笔记法和 SQ3R 法

笔记的展现形式也很重要。好的内容若不以正确的形式记载，记得乱七八糟，不成条理，后续是很难用于复习的。

怎样才能高效地记笔记呢？我从众多的笔记记忆方法中，根据孩子们的学习场景，总结了两种非常实用的记笔记方法。

1. 康奈尔笔记法

康奈尔笔记法是由康奈尔大学的沃尔特·鲍克（Walter Pauk）博士发明

的。这种记笔记法广泛运用于上课、读书、复习、记忆等地方。它能让孩子的笔记系统化，让他主动参与到知识的创造中去，不仅能提高孩子的学习效率，还能帮助他取得预期的学习效果。

康奈尔笔记法要在笔记纸上写下三个区域：

线索（cues） 1	笔记（notes） 2
总结（summary） 3 ● 记录最重要的几点 ● 写成可以快速检索的形式 ● 课后复习总结	

1 号区域是线索，在笔记的左侧。当孩子读或听的时候把它留空，然后在复习的时候把它填满。可以插入关键词或评论，强调想法，澄清意义，添加例子，或绘制图表，或记下自己的疑问。

2 号区域是笔记，也是最大的一块，写在纸的右边，把它以任何格式记在这里，并在话题与话题之间画线，这样就可以清楚看到每一个部分的开始与结束。

3 号区域是底部列总结。在这里可以把笔记减少到临界点，多写总结与感悟。这是一个可以帮助消化知识点的过程，下课后重点复习这个区域和 1 号线索区域。

康奈尔笔记是记与学、思考与运用相结合的有效方法，具体使用方法包括五个步骤：

（1）记录。孩子在听课的过程中需要在 2 号区域，也就是笔记部分，尽可能多地记下有意义的论据、概念等讲课内容。

（2）简化。下课之后及时简化笔记内容，以摘要形式将听课笔记要点整理概括出来，提纲挈领地写在 1 号区域。

（3）背诵。把 2 号区域部分遮住，只用 1 号区域里的摘记作为提示，用自己理解的语言复述上课内容，然后敞开 2 号区域部分对照检查。

（4）思考。在总结栏记下自己的学习心得和体会。

（5）复习。每周花 10 分钟左右时间快速复习笔记。

这种笔记要求选用比较大的活页纸，以便有足够的空间来记笔记、写例子和画图。这种笔记方法不仅方便上课记录，而且便于下课整理、记忆和复习。

我的学生杰杰学英语做笔记就使用了康奈尔笔记法。他是这样记的：

笔记本的这一页被他分成三个区域，最右边部分写了很多关于动词变第三人称单数的例句，他特意在动词第三人称单数下方用波浪线标注，在笔记页的左边部分则是用红色标注的规则，总共有三条，而这一页的最下面一部分，也就是总结部分，杰杰写了一句话：动词变第三人称单数的规则与名词变复数的规则很类似，只不过名词变复数多了一些特殊情况。

我看完他的笔记，非常赞赏，尤其是最后的总结部分，说明他确实经过了深度思考，不仅将旧有知识与新知识结合了起来，还进行了对比分析。

2. SQ3R 法

SQ3R 法特别适合做阅读笔记，用来检验自己对一篇文章的理解程度。

SQ3R 法有五个步骤：

（1）浏览（survey）。浏览目录的章节标题、每章的主题，书中涉及它们的顺序，以及其特殊性。然后浏览序言，其中作者会告诉你这本书讲的内容和观点。

（2）提问（question）。问自己“文章的重点是什么”，试着把标题变成一个问题并写下来。比如，标题是“深入理解拖延的习惯”，可以改为“拖延习惯究竟意味着什么”。

（3）阅读（read）。阅读是 SQ3R 法中的第一个 R，是指先不做笔记，带着刚刚写的问题集中精力阅读文章。阅读有几个关键点：

关注你在第一步中浏览的关键点。标题信息，粗体部分，章节目标，总结和其他被强调的文本。

关注提问阶段的问题，带着回答问题的目的去读，写下或者标出与你的问题相关的想法和事例。

关注各个段落中最重要的内容，找到主要思想，在进入下一段落之前弄清楚这一段落的思路。

在段落中做好标注和突出显示。如果是纸质书，就在边缘部分写下笔记，圈出中心句或总结出中心句。在做标注和突出的显示之前，我们先阅读整个段落，只有当你对重要内容有所把握时，才能找出主要思想、关键词和重要的分论点与例子。要避免过度标记，否则容易导致无法确定什么是重要内容。

（4）复述（recall / recite）。复述是 SQ3R 中的第二个 R，完成一段材料的阅读后，就要回忆你在提问阶段提出的问题的答案，自己要怎么来进行回忆和复述。

对自己说，或者把它们给别人讲一遍，或者用书面形式写出来。说话或写作会使材料牢记在人的头脑中。用自己的话写下提问阶段的问题，当你写下的东西与你所学的材料一致时，你就理解了刚刚读过的材料信息。

（5）复习（review）。复习是SQ3R中的第三个R，阅读后及时复习，可以更好地记住、理解和学习材料。

关于复习，有四个要点：

- 重读笔记，总结重点。
- 复习总结文章中的重点内容和标记的地方。
- 用自己的话改写关键点和主要概念，试着多举一些例子。
- 针对文章中回答的问题，进行讨论并应用。

SQ3R法尤其适用于阅读时做笔记

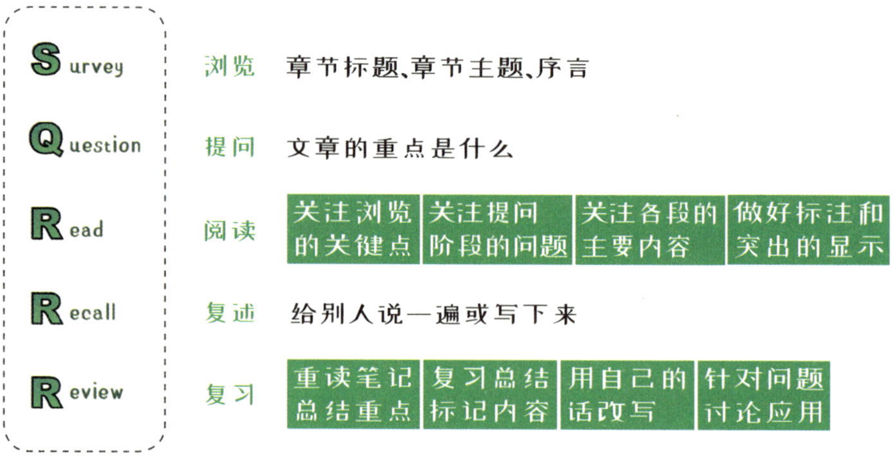

Survey	浏览	章节标题、章节主题、序言			
Question	提问	文章的重点是什么			
Read	阅读	关注浏览的关键点	关注提问阶段的问题	关注各段的主要内容	做好标注和突出的显示
Recall	复述	给别人说一遍或写下来			
Review	复习	重读笔记总结重点	复习总结标记内容	用自己的话改写	针对问题讨论应用

拆为我用 鼓励孩子用康奈尔笔记法修改一篇他之前的笔记。

以教为学

提高知识留存率，不做学习无用功

让孩子把解题的过程讲给别人听，就是以教为学，这是一种非常高效的学习方式。口述的过程近似于教的过程，有助于孩子对知识点的检查回顾，也有助于培养孩子的自信，以及锻炼孩子的口头表达能力。

以教为学也称为费曼学习法，即自己先学习某一块新知识，理解之后用自己提炼过的语言通顺地讲述给其他人听，或者讲给自己听。在讲述过程中，遇到卡壳、不顺畅的地方重新回过来学习，然后再去讲述，如此循环学习，直到满意为止。简单来说，就是把教别人的过程作为帮助自己学习的过程。

某机构负责人曾经在自己的英语培训机构面试过一个英语老师，她来应聘的时候说自己不但能教英语，而且能教日语，意思就是以后如果培训机构开了日语课，她可以身兼两职。面试官于是随口问了她一句，你怎么既会英语又会日语呢？原来她本不会日语，但有一天她的一个朋友给她打电话，希望她推荐一个她们机构的日语老师，因为她的朋友开了一个日语培训班，聘请的日语老师因故不能去教学，眼看马上就要开班，急需找到一位日语老师。

于是她就问那个朋友日语班要求教什么级别的日语，得到的回答是零基础。她跟那个朋友说我就能教。第二天她就去报了一个日语零基础班。上了一个星期之后，她朋友那边的日语班开班，她就一边上日语课，一边教日语课。结果一期班下来，她教的那些学生对她还特别满意。

这个故事听起来有些离谱，但是我希望大家能看到另外一面。在这个案例中，因为那位英语老师有比别人更明确的目标，她的目标是学完了要去教别人，所以她一定学得比别人更好、更用心。试想一下，如果每个孩子学习的时候都带着教学的目的，用任务驱动学习，学习效果会是什么样呢？

以教为学能极大地提升孩子的学习效果

美国国家训练实验室的一项研究表明，通过教他人，对知识的平均记忆率可以达到 90%，而上课听讲平均记忆率只有 5%。也就是说，鼓励孩子教他人，可以让孩子学习的吸收率极大地提高。

为什么以教为学能够极大地提升孩子的学习效果？

1. 以教为学是反馈学习成果的手段

孩子学完一天的知识后，如果不及时消化梳理，不能熟练掌握知识结构和脉络，那么就算是自己会做这道题，愿意给别人讲题，也可能会出现思路卡顿的情况。这种卡顿是因为孩子对题目的理解不够通透，或者对知识点掌握不够清楚。而这一点，家长是很难通过孩子的日常学习表现发现的。以教为学的方法，使孩子变成了一个小讲师的角色，需要每天把自己学到的知识输出给别人，通过讲解，所有问题都能立刻得到反馈。

2. 孩子在教别人的过程中会对问题有更全面的认识

很多孩子在学数学的时候都是用题海战术。这样的学习方式对孩子来说

太无聊了，甚至会打击孩子学习数学的积极性。但如果孩子在做完这个题目后能够把推导这个公式的思路，甚至背后的故事讲给自己的同学听，将比通过刷题记住公式的效果好很多。

孩子要保证自己给同学的讲解是对的，就要调动自己的理解能力。首先是克服自己的理解障碍，然后还要补充与这个公式相关的知识。而且，孩子在教他人的时候还会想到一系列其他的问题，比如“解释这个概念最好懂的方法是什么”“如果专业术语解释不清楚，能不能找到一种跟常识有关的方式来解释，或者用对方能理解的话语呢”等，这就需要孩子有一种打通知识和触类旁通的能力。在这个过程中，一知半解的知识就内化成了真正属于自己的东西。

3. 教别人也是一个强化记忆的过程

人的记忆分短时记忆和长时记忆两种，孩子上课时学到的知识是在孩子刻意学习后形成的，属于短时记忆。如果不及时复习，孩子很容易就遗忘掉。短期记忆能够转化为长期记忆的关键就是不断重复。孩子教别人的过程就是一个强化记忆的过程。这个过程还增添了新的场景，场景化知识更容易记住，这些都有利于孩子对知识的回忆和巩固。

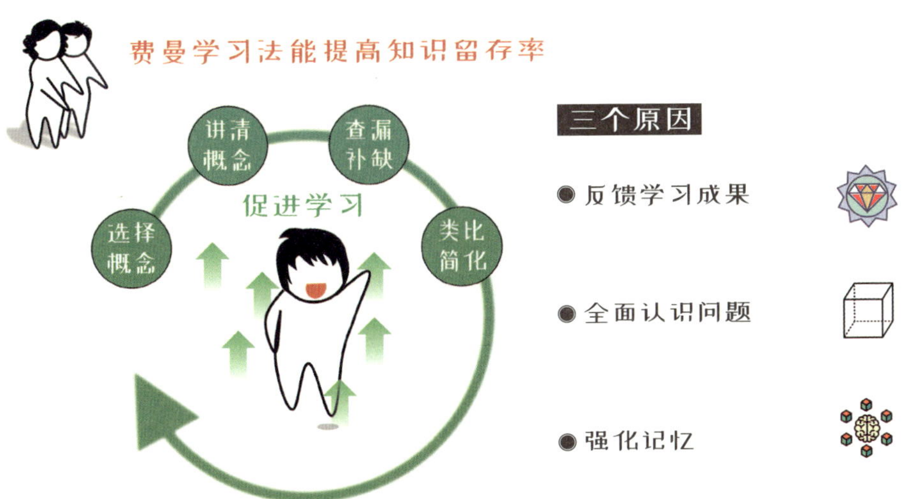

怎样讲好一道题

想要讲好一道题，可以让孩子参考下面几个步骤：

1. 选好题

一方面，可以挑选同学不会做的题。如果孩子自己对这些题不是很熟悉，可以先在家练习讲解，家长扮作需要解答的同学，进行双向练习互动。另一方面， 也可以选自己平时上课没有跟上的或勉强理解的题目，自己给自己讲解，也可以讲给家长或同学听，或让同学讲给自己听。不管是哪种方式，都是一种思维方式的碰撞。

2. 准备讲

孩子在进行题目讲解时，可以先确定一下这个题目主要讲了什么内容，在哪个体系中，属于哪一个大类，考试的时候容易出现在哪种题型中。然后再反思一下，在学习这个知识点之前，对这个知识点有没有预习过？在学完以后，有没有加深巩固学习过？跟其他题目的关联性大不大，在后面学到其他知识点的时候，能不能用到？

还可以看看本题有几种解法，尤其是数学，公式多，解题方法也多。一些大题综合性比较强，有多种解法，可以建立多种解题思路。

不同解法可以培养孩子从不同的角度思考问题的能力。找出题目中不同的关键点，再发散出去，用不同的方法解决问题。这样可以充分调动孩子的积极性，让孩子有发展思维的空间。同时，也可以增强孩子对原理、条件的运用能力和探究能力，帮助孩子培养发散思维，让孩子更有主动性，在讲题的过程中收获更多。

3. 对题目进行总结

总结其实就是对题目和知识的一种延伸。孩子在总结的过程中需要找出题目所涉及的知识点，然后从重点、难点和易错点三个方面进行考虑。重点是学习中最重要的中心内容，掌握这部分内容对于巩固旧知识和学习新知识都起着决定性作用。难点和易错点是要格外关注的，可以把这些题目进行归类总结。

讲好一道题的步骤

帮同学讲不会的题 ⟷ 选取自己不会的题

确定要讲的知识点 ⟷ 确定题目解法数量

重点 — 难点 — 易错点

拆为我用

请参考本节提到的三个讲题关键步骤，让孩子给自己讲一道题。

时间管理

三个步骤，让孩子高效管理学习时间

每一个工作日的早晨，你叫孩子起床，孩子磨磨蹭蹭，最后总是急急忙忙地赶着去学校；放学回家后，你叫孩子及时把作业做了，结果孩子还是三心二意，一边做别的事，一边写作业，最后导致晚上10点了作业还是没写完……

也许这些情况会让你感到生气、抓狂又无奈，然后下决心要对孩子进行一番时间管理方面的教育。但如果对孩子进行时间管理的方法不当，很容易使父母与孩子之间产生无效催促的恶性循环，还会破坏亲子关系。

时间管理管什么

儿童的时间管理，至少要包括三个方面：管理目标、管理习惯及管理情绪。

1. 管理目标

如果没有目标，一个人就会无所事事，时间自然也会被无意识地浪费掉。现在很多孩子都有手机，写完作业之后，临睡前的1个小时，如果没有特别的安排，看一下视频或玩一会游戏，时间很快就过去了。

2. 管理习惯

很多孩子甚至成年人都倾向于做那些迫在眉睫的事情，而不是根据事情的重要程度来确定做事的先后次序。因此，良好的时间管理是让我们形成好的习惯，优先去做重要的事情而不是紧急的事情。

3. 管理情绪

有的孩子某天高兴了能好好学习，但如果某一天心情不好，对学习就完全提不起兴趣，时间都浪费在跟自己不良的情绪对抗上。因此，从某种角度来说，时间管理就是在管理情绪（具体见本书第一章）。

父母在对孩子进行时间管理的时候经常会犯三种错误：

（1）习惯性催促孩子。很多父母性子急，缺乏对儿童心理发展规律的系统了解和学习，只要孩子节奏比自己慢，就会习惯性地催促。

（2）短期看不到效果就放弃。有的父母会采取一定的方法，但当一段时间没看到效果或出现反弹时，就会认为这种方法是无效的，就放弃力。

（3）时间计划表不灵活。很多父母在听过一些家庭教育课后会学着带领孩子一起制订计划表，把孩子的时间安排得非常紧凑，但遗憾的是，在真正操作的时候，他们的时间计划表不够灵活，没有太多可以机动调整的时间。

父母如何帮孩子做好时间管理

父母指导孩子进行时间管理可以使用 BTR 法。

（1）B 即 build，帮助孩子建立时间观念。

孩子的时间意识是在具体的事情中培养出来的。当我们告诉孩子 1 分钟是 60 秒时，孩子会纳闷，60 秒是多长呀？其实我们可以通过具体的事情来让孩子体验时间的概念。比如，1 秒钟走 1 步路，1 分钟找出 4 个指定形状的积木，2 分钟穿好衣服，3 分钟做多少道口算题，5 分钟洗多少个碗，10 分钟完成一幅拼图，等等。

当孩子有了具体的时间概念之后，他才会更清楚地识别他人对自己提出的期限要求，从而做到更准时。

之后，家长要帮助孩子建立他的时间日志，收集和记录孩子完成任务所需的时间，进一步帮助孩子明确时间观念。当然，这个过程我们要尽可能地详细而系统，从而为接下来的训练提供准确数据。需要注意的是，我们在做为期一周的记录过程时要做到归纳总结，以便心中有数，有的放矢。

为什么要这样做呢？因为孩子的观念比较简单，他可能根本就不理解你说的那些要珍惜时间的道理。但是如果形象地画出一张表格就不同了，这种可以量化的任务管理系统，能够让孩子直观地知道他每天都花时间做了什么，以及他自己能够做到什么程度。而且，通过一周的记录和观察，你也可以对孩子的各种表现做到心中有数，以此对孩子的每日活动进行评估。

（2）T 即 tool，提供时间管理工具。

时间管理工具有很多，这里重点介绍番茄工作法。

番茄工作法就是列出当天或当天某个阶段的工作任务，并分解成一个个25 分钟的小任务，然后逐个执行完成。每完成一个 25 分钟的任务可以休息 5 分钟，每完成四个任务可以做一次较长时间的休息。

番茄工作法非常适合儿童使用，因为孩子的注意力集中时间是非常有限的，让孩子老老实实地坐在桌前专注地学习 1 小时，这肯定很难做到。但是，一个 25 分钟的任务时间与一段休息时间相配合，能够让孩子更加高效地完成任务，减少拖延，从而更好地掌握时间。

家长带孩子使用番茄工作法，有三个关键环节。

- 带着孩子列出当天的待办事项，对任务进行划分。

对孩子而言，可能就是 10 个单词的听写、10 道数学题、读一篇语文阅读，或者跟爸爸下棋、练习小提琴、看一集儿童节目等。针对这些事项，按照重

要和紧急程度划分任务，并预估完成待办清单上的任务所需的时间。

以上这些事情先排个优先级：10 个单词的听写、10 道数学题及一篇语文阅读属于当天作业，是重要且紧急的事项；练习小提琴和下棋是重要但不太紧急的，可以稍微缓缓，但是也属于当天要完成的；看一集儿童节目属于娱乐，是不重要也不紧急的事，可以放在最后完成，当然也可以作为对完成前面任务的一个奖励。

根据这个时间表，分析孩子的所有行为并确定做事的顺序，再和孩子一起将时间进行有主次的安排，确保他在正确的时间做正确的事，这样才能取得更好的效果。

如果孩子对时间表根本不感兴趣，也不想执行，怎么办呢？

如果出现这种情况，家长就需要反思，这个时间表是否只是按家长个人的意愿制定的？没有征求孩子意见的时间表也是无效的时间表。

- 具体的执行环节。

具体执行环节包括两部分：专注学习、休息。在 25 分钟的时间内要确保孩子可以心无旁骛地专注学习，而另外 5 分钟就要让孩子彻底放松休息。

说起来容易做起来难，操作的过程中，经常会受到各种因素的干扰而被打断。

一类是内部打断，就是因为自己内心产生的想法而被打断。比如孩子突然想到橡皮可能落在学校了，想去检查书包里是否有橡皮，或者突然想起某个故事，觉得在哪本书里看过，就想去找那本书。另一类是外部打断，比如孩子的同学打来电话，或者妈妈叫孩子吃水果，等等。

关于内部打断，可以使用心流法（见第三章第三节）来帮助孩子减少杂念。关于外部打断，可以运用四个步骤解决：告知、协商、计划、答复。比如，孩子写作业的时候，同学打电话过来问孩子今天的英语作业是什么。这个时候孩子可以执行第一步告知，说明自己现在正在写数学作业，还需要 20 分钟。

然后是第二步协商，可不可以 20 分钟后再回电话给他？或者可不可以让他问一下其他同学？如果对方答应可以等 20 分钟，孩子就要在自己的任务清单中或当日待办中加上一项“告知同学英语作业”，也就是第三步计划。最后是第四步答复，也就是履行承诺，在 25 分钟的任务完成后告诉同学英语作业这件事。

无论是内部打断还是外部打断，番茄工作法都着重强调要能够保证在 25 分钟的任务时间内专注做同一件事情。

- 回顾总结。

当孩子完成了当天任务，家长要将预估的情况与实际执行情况进行对比检查，看预估了多少个任务目标？实际完成了多少个任务目标？为什么会发生这些情况？ 25 分钟的标准时间是否适合自己的孩子？所有这些问题都需要家长带着孩子一起去分析和找原因，然后持续地改善方法。

（3）R 即 奖惩机制（rewards and punishments mechanism）。

如果孩子能用比往常更快的速度提前完成任务，那么节省下来的时间就是孩子的自主时间。这个时间交给孩子自由支配。自主时间对于孩子的意义很重要，能让孩子真正体会到自主感。在自主时间里，孩子是想干啥就干啥，只要不是特别出格的事，家长就不要干预。

为什么孩子会认同自主时间呢？这是因为孩子觉得只要他提高速度并早点完成任务，就会得到更大的收益，所以做事情快一点是非常值得的。

另外，家长还可以制定星星表和礼物单来配合孩子的行动。星星表就是孩子在达到标准时间后给孩子星星奖励，而礼物单则是孩子在积累一定量的星星后可以兑换礼物的清单。它们会让孩子觉得提高效率不但会有自主时间，还可以得到自己想要的东西。

当孩子真的通过自己的努力获得礼物的时候，他会觉得自己加快完成任务能得到更多的自主时间和物质奖励，真是收获满满，下次要做得更快。长此以往，孩子快速做事的好习惯就养成了。

BTR 时间管理法

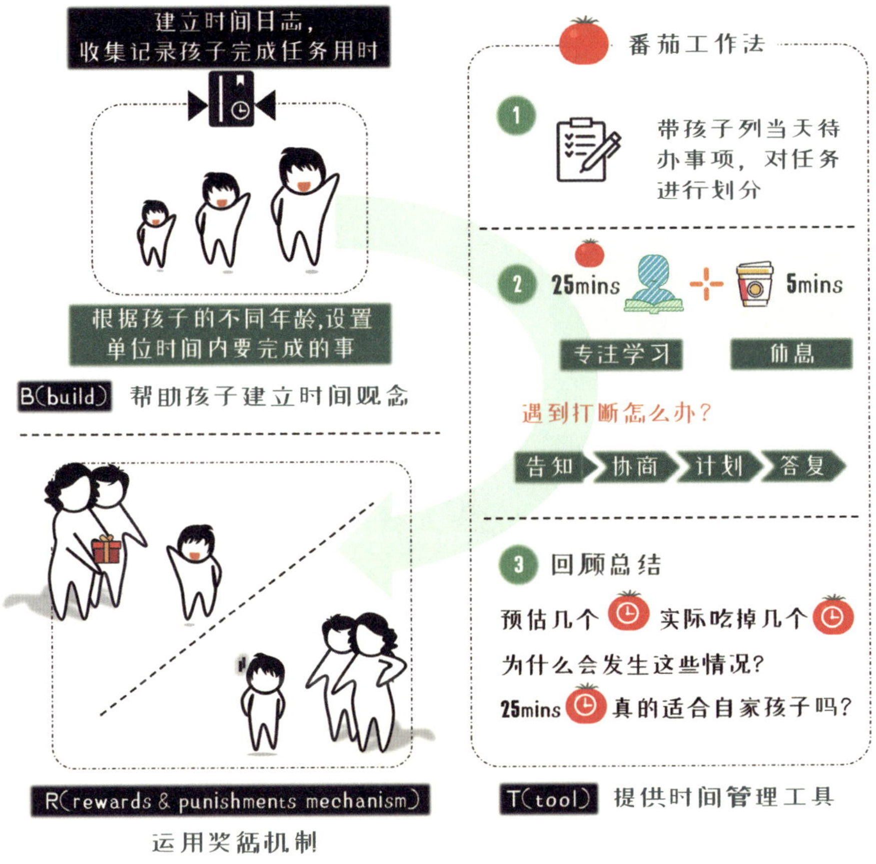

建立时间日志，
收集记录孩子完成任务用时

根据孩子的不同年龄，设置
单位时间内要完成的事

B(build) 帮助孩子建立时间观念

R(rewards & punishments mechanism)
运用奖惩机制

番茄工作法

1 带孩子列当天待办事项，对任务进行划分

2 25mins + 5mins
专注学习 休息

遇到打断怎么办？
告知 › 协商 › 计划 › 答复

3 回顾总结
预估几个 实际吃掉几个
为什么会发生这些情况？
25mins 真的适合自家孩子吗？

T(tool) 提供时间管理工具

拆为我用 请运用 BTR 法高效管理孩子的时间，做好记录，及时复盘。

添加一芳老师微信，
一起高效陪伴孩子成长！

第六章

| 习惯与毅力 |
六个维度，让孩子学习更自主

希望孩子能够主动学习，家长首先要培养孩子良好的学习习惯，并善于在学习和生活中做正向引导，使他逐步具备自我管控的能力，从家长陪学到爱上自主学习。

以身作则

孩子写作业的时候，家长该做什么

《傅雷家书》中有一句话："最折磨人的不是脑力劳动，也不是体力劳动，而是操心。"如果把这句话应用在家庭教育上，陪孩子写作业无疑就是最令人操心的事情之一。很多父母在陪孩子写作业时都面临崩溃。

关于陪学、陪写作业，我们需要思考的问题是，这样做的最终目的是什么呢？

我认为陪写作业的关键不在于把作业写出来，而是为了培养孩子良好的学习习惯、良好的时间管理意识及自主完成作业的能力。所谓好的学习习惯包括写作业之前先复习一遍课堂所学的习惯，仔细读题审题的习惯，认真书写的习惯，回家先做作业再玩的习惯，及时改错、总结的习惯，等等。

如果孩子学习习惯、作业质量都很好，家长就不需要陪。但是如果低年级的孩子学习习惯不好，写作业的过程中出现很多状况，家长就需要陪，因为这时如果孩子身边没有家长支持，他会有无助感。

因此，家长在初始的陪伴过程中需要着重培养孩子的习惯和自主写作业的能力，这些一旦培养好，后面就不需要家长过多操心了。但是在这个过程

中要怎么陪，就是一件很需要技巧的事了。这里我总结了一个“四要四不要”原则。

家长要做的四件事

1. 帮助孩子尝试和设计一套家庭作业日程表

作业管理的核心之一是锻炼孩子管理时间的能力，家长需要带着孩子一起设计作业计划。

作业计划要依据目标和任务来制订。比如，孩子今天的作业包括语文作业、数学作业、英语作业、弹钢琴，而近期正好有一个目标是获得下个月英语演讲比赛的冠军，那可能需要每天抽出半个小时来练习英语演讲，而适当减少弹钢琴的时间。

清楚了目标和任务之后，我们再结合任务难度，把孩子容易完成的那部分作业放到前面去写，有难度、有挑战性的任务放在中间，最后再来一点容易完成的任务。

为什么要这么做呢？因为容易的任务更能够激励孩子行动起来写作业，这符合最小启动原则，避免孩子一开始就做有挑战性的任务而打击信心；同时，优先开启简单任务，有利于孩子逐步进入专注和自信的状态，也就更有能力和信心去挑战有难度的题。最后，经过激烈应战，孩子或许感到有些疲惫，再来些简单一点的作业收尾，孩子的紧张状态就会得到放松。

2. 要以身作则

家长陪孩子写作业时，一定要放下手机，可以选择在一旁看书或工作。如果孩子自己有手机，那么到了该写作业的时候，就要求孩子放下手机，最好放到别的房间，以免写作业时受到手机的诱惑和干扰。

3. 讲解和示范要一次完成

在写作业的过程中，孩子可能对所学的课堂知识有不太明白的地方，家长需要对孩子进行必要的讲解和示范。

比如，孩子刚上一年级时会经常出现有些字或字母不知如何下笔的情况，需要家长指导，但家长的指导最好在孩子开始写作业时一次性完成，而不是在孩子写作业的过程中随时提醒“笔顺不对”“写错了”。

假设孩子今天要写五个生字，每个字写五遍，家长可以让孩子把每个字先写一遍，如果笔顺没有问题，就让孩子继续写下去；如果有问题，就集中示范一下，再让孩子写一遍，确认孩子会写之后，这项工作就完成了。

让孩子一开始就掌握正确的方法，比让他一遍又一遍地重复错误、重复改正要高效得多，对孩子的提高也更有帮助。

4. 检查作业要淡定

有些家长帮孩子检查作业时发现错误，经常会习惯性地说：“这道题这么简单，你怎么还错了？”“这么多错，你上课怎么听的？”甚至火冒三丈，恨不得把孩子大骂一顿才解气。这些抱怨、吐槽、批评、指责，除了让大家都不开心，没有任何好处。

在检查作业的过程中，你首先要关注孩子是怎样解决问题的。关注这些“小胜利”可以激发孩子挑战更难问题的积极性。对于不正确的答案，要平静而鼓励地对孩子说：“我敢打赌，如果你回头去检查一下这些问题，你一定会有不同的答案。”如果孩子检查完还有错误没有改过来，我们可以说：“现在还有 3~5 道题有点小问题。”不用具体告诉孩子哪几道题错了。这么做的目的是尽量让孩子自己发现错误，然后改正。到最后，如果孩子因为理解有误做错题了，家长也不用刻意给孩子讲解，鼓励孩子上课的时候仔细听听老师是怎么讲解的。

总之，家长不要变成孩子的辅导老师。我们陪孩子写作业，最终的目标是边陪伴边培养孩子专心致志地高效完成作业的习惯，最终实现孩子不需要大人陪也能独立完成作业。

家长不要做的四件事

1. 不要盯着孩子

有的家长说，我不玩手机，那我看着孩子好了，甚至盯着孩子。这样比起玩手机的大人来说，当然认真得多，但是这样做的坏处也很多。

处于被监视状态下的孩子会紧张，越被盯着效率越低、越容易出错。

因为分管孩子的自我控制、情绪管理的前额叶在孩子 20 多岁的时候才能完全发育成熟。当孩子还小的时候，家长的催促会让他的前额叶去处理紧张、焦虑的情绪，没有空间来思考作业的事了。而且，孩子越出错，在一边监督的家长就越容易发火。

面对大人抓狂的状态，孩子更加紧张，更加容易犯错，这样就陷入了恶性循环，最后变成了“作业大战”。孩子写作业的过程不愉悦，作业质量也不尽如人意。

因此，家长陪写作业时，孩子做孩子的事，大人做大人的事，比如在一旁看书、做手工，或者做自己的工作，这是比较好的状态，既能起到监督作用，又能让孩子获得相对轻松、自如的学习环境。

2. 不要出声提醒

父母担心孩子坐姿不好影响视力，陪写作业时不免随时提醒坐姿：“坐直了！”“头抬起来！”“别歪脑袋！”“笔拿高点！”还有的父母会时刻监督质量："字写大点！""字写正了！"

这样，孩子写作业的过程就不停地被打断，孩子的注意力不断地在眼前的作业和家长提醒的事之间转换，长此以往，专注力就会受到影响。

如果孩子确实坐姿有问题，很可能是灯光不够好，或者桌椅高度不合适，家长可以尝试改善灯光，调整座椅高度，一次性解决问题。如果孩子握笔姿势有问题，写字太大或太小，字迹潦草，难以辨认，那是孩子基本书写习惯的问题，家长可以单独找时间帮孩子改善，不要把这些问题一股脑地都放在孩子写作业的过程中解决。

3. 不要给予消极的非语言信息

这一点非常重要，但是很多家长都没有意识到。消极的非语言信息是负面情绪的基调。皱眉、叹气、瞪眼和其他消极的身体语言，对于孩子来说都是非常有杀伤力的非语言信息。孩子特别敏感，他会捕捉到这些信息。家长如果意识不到这些，只会增加陪写作业时的紧张气氛。

4. 不评价

一些父母认为陪孩子写作业，就是随时监督孩子写得对不对、好不好，因此只要一发现不对的地方，就马上打断孩子指出来，比如"你这道题写错了""这个字怎么写得这么难看"等。

这样时间长了，你会发现自己陪写作业陪得尽心尽力，但是孩子的作业质量却没有提升，甚至学习成绩越陪越差。原因有两个：一是家长随时插进来打断孩子，会影响孩子写作业的效率和专注程度；二是家长时刻在旁边判断对错，孩子会形成依赖心理："反正爸爸妈妈看着呢，我没写对，他们会告诉我。"这样的状态下，孩子自己的投入程度就会降低，对作业质量的要求也会降低。

正确的做法是，家长可以尝试把指出作业中的错误、辅导孩子改正的工作放到孩子完成作业之后，或者是按照老师要求在帮助检查的环节中一次性完成。孩子不被打扰，会写得更快更专注，家长也可以不用时刻盯着孩子，从而把陪写作业的时间变成自己可以安静阅读或做其他小事的时间。

家长陪写作业"四要四不要"

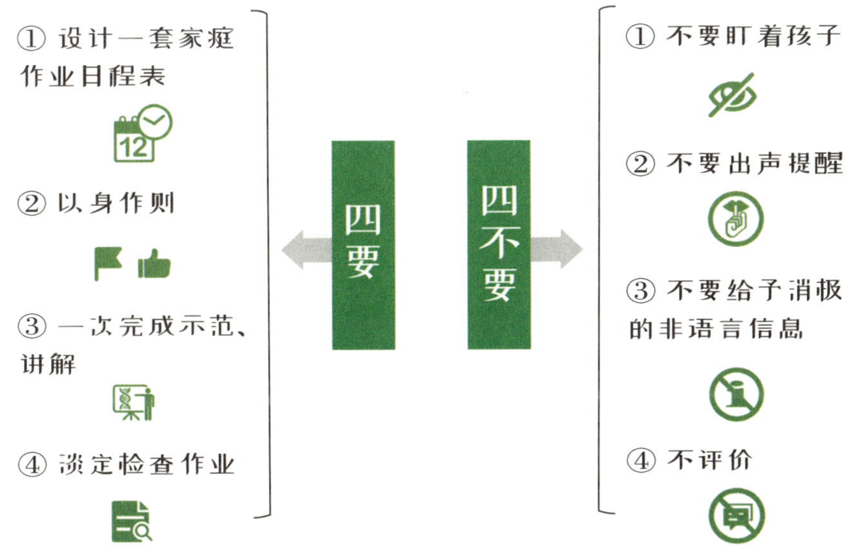

拆为我用 请反思自己在陪孩子写作业的过程中有哪些问题？打算如何调整？

作业管理

孩子拖延、逃避写作业，家长该怎么办

关于孩子写作业拖拉的问题，很多家长都是又急又气。写作业拖拉这件事其实涉及目标管理、动机管理、时间管理、行为习惯管理、自控力管理等问题。

通过大量接触和了解情况，关于孩子写作业拖拉的问题，我总结了来自父母和孩子双方的两类共六条原因：

父母原因：

（1）父母经常给孩子临时留额外作业。

（2）父母教养方式严厉，孩子本能抗拒。

（3）父母反复催促，家长越说，孩子越对着干，故意拖拉。

孩子原因：

（1）孩子学习习惯不好，比如一边写作业，一边玩东西，或者孩子回家后先各种放松，包括看电视、玩游戏、吃零食等，最后才开始写作业。

（2）孩子对学习没兴趣，更别提写作业了。

（3）对于所学内容，孩子没完全掌握，不太会写作业，看到自己不太会的作业就头疼。很多孩子面对这种情况，往往将作业能拖就往后拖。

针对父母原因的解决方法

第一种情况，很多家长见不得孩子闲着，看到孩子早早地完成作业之后，临时又给孩子找一些作业。一两次孩子还能忍受，但是次数多了之后，孩子也知道怎么应对了——慢慢写，这样家长就没有机会再临时加作业了。

解决办法：父母不要临时给孩子增加额外的作业，如果非要加作业来提高孩子的学习效率，也要根据孩子的学习水平，跟孩子一起商量好，需要额外做哪些作业。孩子一旦完成学校作业和提前规划好的额外作业之后，家长就应该让孩子自主管理他在睡觉之前的时间。对于很多孩子来说，这个自主的时间比他写作业的意义都要大，如果家长把这段时间也安排得满满的，孩子只能以其他方式找回他所需要的休闲时间。

第二种情况，父母教养方式过于严厉，不但会激发孩子的叛逆心态，使他们故意跟父母对着干，还很容易导致孩子进入青春期时顶撞父母，做与父母期待相反的事情。

解决办法：多聆听孩子，鼓励孩子说出自己的看法和感受。

第三种情况，父母反复催促，必然引发孩子逆反的心理，家长越说，孩子越对着干，故意拖拉。

解决方法：可以参见第二种情况。

上面是针对不同情况的解决方法，下面再推荐另外一种适合各种情形的解决方法，也叫倾听表达法，具体有六个步骤。

（1）倾听孩子的感受和需求。比如，家长说：“英语作业完成得不好！”好像很生气。孩子回应：“是的，20 个单词我只写对了 12 个，昨天晚上我认真学了 1 个小时呢！”

（2）归纳孩子的观点。比如，家长说：“听上去，你很沮丧，即使你想把所有的生词都塞进脑子里，但有些单词还是在里面待不住。”

（3）表达家长的感受和需求。比如，家长说："我担心的是，如果你记不住这些基本词汇，就会越来越落后。"

（4）家长邀请孩子共同想办法。比如，家长说："我想，如果我们两个一起动脑筋，或许能想到一些新的、更有效的学习方法。"

（5）写下所有想法，不做评价。孩子说："我不想学英语。"家长说："我记下了，还有什么？"孩子说："或许我可以……"

（6）共同决定这些想法是保留还是去掉，并商定如何付诸行动。家长说："你觉得把单词写在卡片上，把它当成一个每天必须完成的作业，每晚只学四个生词，这个主意怎么样？"孩子说："好啊，但是我不想要小卡片。我想把我读的单词录音下来，然后自测，直到我记下来。"

针对孩子原因的解决方法

针对孩子学习习惯不好这条原因，家长可以使用番茄工作法（见第五章第六节），在番茄时钟里，帮助孩子高效完成作业；合理应用时间计划表，清晰了解孩子的作业安排，也就不用着急催促了。

针对孩子对学习没兴趣，不愿意写作业这条原因，建议家长用动力三感（见第三章第二节）、心流法（见第三章第三节）及游戏法（见第三章第四节）等提升孩子的学习动力。

针对孩子所学内容没有完全掌握，有些作业不会写这条原因，可以使用 LEAD 工具（见第二章第四节）帮助孩子摆脱学习困境。另外，还有一个 REPS 工具也可以帮助家长高效地处理孩子不会做题的情况。

1.R（repeat），让孩子反复读题

许多题目并不难，只是孩子缺乏耐心阅读题目，往往只看了一遍就感觉

很难，不会做，这其实是一种消极的心理暗示。家长如果迁就孩子的这种消极心理，立即告诉他如何做，那么就会使孩子养成遇到问题不想思考，总想依赖他人解决的坏习惯。

正确的方法是家长先不告诉孩子如何做，而是说："爸爸妈妈相信你，只要多读几遍原题，你会做得出来的。"当孩子做出来以后，再补充一句："看来仔细一读题，确实就做出来了。"这时，孩子也会受到鼓舞。这种鼓励式的读题法，能使孩子获得自信，养成动脑的习惯。

2.E（example），**用例题做辅导**

对于孩子经过思考也不会做的题目，大人也不要直接告诉解法，最好的方法是根据题目编一个相似的例题，与孩子一起分析讨论，弄懂例题，然后再让孩子去做原题。

如果仍然不会做原题，可以再回到例题的讨论与计算上。这种做法虽然麻烦一些，但它能训练孩子举一反三的迁移能力。否则，孩子总是处在就题解题的被动思维定式中，很难建立学习的思维迁移模式，也无法在学习中获得成长。

3.P（point），**只讲关键点**

对于有些数学难题，如果家长一时也编不出好例题，那么可以就这道题分析它的关键点在哪里，找到什么条件就好解题了，让孩子根据提示去思考、去列式计算。不要将算式直接列出来，或告诉孩子第一步做什么，第二步再做什么……如果这样辅导孩子，那么他的解题思路就很难打开了。

4.S（summary），**让孩子做完题之后，总结知识点或解题技巧**

这种总结可以通过口述的形式讲给家长听，也可以在纸上写出来。这种再输出一次的方式，能让孩子加深对这个知识点或解题技巧的了解。

孩子作业拖拉的原因及解决方法

原因	解决方法
1 经常给孩子临时加作业	基于学习水平，商量需要做什么
2 教养方式严厉	参考第一章第四节权威型父母的做法
3 家长越催促，孩子越拖拉	倾听表达行动法：倾听 → 归纳 → 表达 → 探讨 → 记录 → 共商
4 孩子学习习惯不好	番茄工作法
5 孩子对学习没兴趣，不愿学习	用动力三感、心流法、游戏法等提升孩子的学习动力
6 孩子对所学内容没有完全掌握，有些作业不会写	• 用 LEAD 工具帮助孩子摆脱学习困境 • 用 REPS 工具帮助家长高效处理孩子不会做题的情况 R repeat 反复读题；E example 用例题做辅导；P point 只说关键点；S summary 总结知识点或解题技巧

拆为我用 请想想自己家孩子是否有做作业经常拖拉的情况，分析原因及思考解决方法。

行为塑造

孩子沉迷手机、平板电脑，家长该怎么做

沉迷手机、平板电脑等电子产品对孩子的危害是很大的。研究显示，孩子如果整天对着屏幕，后脑视觉皮层会不断受到刺激，主导认知能力的大脑前额叶却会被忽略，长久下去会削弱孩子在计划、组织、控制情绪和考虑后果等方面的能力。心理学研究也发现，对电子产品上瘾不仅影响人的睡眠，让人焦虑沮丧，注意力分散，甚至还会使人出现沟通和人格上的障碍。

伦敦国王学院的科学家回顾了41项涉及4万多名青少年的研究后发现，近1/4的青少年存在“智能手机使用问题”（Problems of Smartphone Usage，简称PSU）。

研究人员将PSU定义为一种与智能手机使用相关的上瘾行为，例如没有手机可用时，人会出现焦虑，并对其他活动失去兴趣且予以忽视。研究还发现，PSU与焦虑、压力睡眠不足和抑郁情绪等心理健康问题存在一定联系。

现在孩子使用手机越来越普遍，怎么知道孩子对手机是否上瘾了呢？下面我从孩子与父母之间的关系程度，以及使用手机的程度两个方面作为判断依据，将情况分成五个阶段：

（1）父母与孩子关系好，孩子上学，不用或很少使用手机。

（2）父母与孩子关系一般，孩子上学，经常使用手机。

（3）父母与孩子关系不太好，孩子不上学，只玩手机。

（4）父母与孩子关系不好，孩子不上学，不回家，只玩手机。

（5）父母与孩子关系恶化，逐渐导致极端恶果，孩子甚至患上严重的精神疾病。

从第二个阶段开始，家长就需要给予关注，做出必要的调整，如果到了第三、四、五阶段，就必须寻找专业人员，如心理咨询师、精神科医生等介入了。

孩子为什么会对手机上瘾

手机上瘾与吸烟上瘾很像。吸烟上瘾的人认为吸烟是为了排除无聊，同样地，一个孩子沉迷手机、平板电脑等电子产品，也是为了解决他不愿意真正面对的其他问题。这些问题大概有四类：

1. 缺乏父爱

在孩子的一生中，父爱影响的远不止智力，还涉及体格、情感、性格、品德等多方面。长期缺乏父爱，孩子可能会患上缺乏父爱综合征，从而造成认知、个性、情感、体格方面的障碍与缺陷。

据北京某医院青少年成长基地近几年研究数据表明，孩子在成长过程中出现的行为问题和成瘾性的人格特点，其首要责任在父亲。其中网瘾病例统计发现，排名第一的伤害是缺乏父爱，占 87%。

2. 不当的教养方式和教养理念

有的专制型父母由于教育过于严厉，否定孩子的想法和感受，导致孩子心中畏惧，不敢也不愿意与家长沟通，从而转向手机、网络等游戏，沉迷其中，寻求认同；有的专制型家长对孩子期望过高，导致孩子压力过大，于是孩子把手机、网络游戏当作释放压力的途径；有的专制型家长干涉、管制太多，遏制孩子独立生活的能力和愿望，而电子产品就成为孩子用来反抗的工具。

有的忽视型家长由于工作太忙，没空管孩子，孩子和家长缺乏高效的陪伴和沟通，手机上的社交软件就成了孩子主要的沟通工具等。

有的家长过度保护、溺爱孩子，导致孩子以自我为中心又软弱的性格，对学习缺乏毅力和动力，不敢面对困难，从而转向可以轻易获取、轻松闯关、有趣好玩的手机软件和游戏。

有的家长虽然可能总是在强调自己对待孩子已经够好了，但没有想过对待孩子的方式是否考虑到孩子的感受，比如孩子是否快乐等。

3. 孩子缺乏自我价值感和归属感

有些孩子长期学习成绩不好，没有特别的才艺技能，在学校和班级的存在感比较低，缺乏归属感，长期下去就会自卑，甚至发展成习得性无助，并最终自我放弃。自我价值无法在现实的环境中得以展示，于是转往虚拟世界，而网络游戏无疑是最容易获取的方式。

4. 孩子缺乏应对问题的有效解决方法

孩子在学校学习，面临的不仅仅是学习问题，还需要学会如何与他人相处。如果长期学习成绩不好，孩子容易自我否定，更加不自信，甚至厌学，不懂得如何与同学、老师相处，感受不到班集体的接纳，就会逐渐对学习缺乏动力。如果对此缺乏相应的解决方法，孩子可能转而沉溺网络世界，逃避学习和人际关系的压力。

什么才是有效的解决方法

面对孩子沉迷电子产品，很多家长采取过断网、收手机、控制零用钱、讲道理等方法，但是收效甚微。那怎么解决才高效而正确呢？

1. 家长需要反思并完善自己的教养方式

家长需要反思是否在情感上忽视了孩子。被忽视的孩子容易通过其他途径寻找情感寄托。家长也需要反思教养方式是否过于严厉，忽视了孩子的感受和看法。孩子沉迷手机游戏，让父母痛苦不堪，在孩子看来，自己终于赢了父母一局。家长如何调整教养方式，可参考第一章第四节的内容。

2. 指导孩子如何应对

对于中小学阶段的孩子，父母应该指导孩子如何应对。有三种应对问题的方式：情绪导向应对、问题导向应对、意义导向应对。

以情绪为导向的应对包括努力调节，以减少压力事件带来的情绪。

以问题为导向的应对强调通过个人行为来改变或消除压力来源，用所有积极的努力来管理压力问题，比如本书第六章的倾听表达法（包括六个步骤：倾听孩子的感受和需求；归纳孩子的观点；表达家长的感受和需求；家长邀请孩子共同想办法；写下所有想法，不做评价；共同决定这些想法是保留还是去掉，并商定如何付诸行动）。

以意义为导向的应对是一种基于评价的应对方式，是指个人通过信念、价值观和存在目标来激励和应对。

很多孩子特别喜欢孙悟空这一角色。孩子也可以赋予自己英雄的形象，把自己的学习和生活之旅当作是英雄之旅，把遇到的困难、挫折当作是成为英雄必经的过程。当孩子以意义为导向来应对学习、人际交往等过程中产生的困难和挫折时，就不会感到焦虑、紧张，也就不会通过频繁玩网络游戏的方式来缓解压力了。

3. 帮助孩子找到自我价值感

孩子有了自我价值感，就不会通过电子产品来获得自我价值。帮孩子找到自我价值感，可以使用“自我价值感获得模型”。这个模型有四个步骤，环环相扣，层层递进。

（1）制定目标。这个目标一定要是孩子的目标，而不是家长自己的目标。关于如何制定目标，在前面的章节里曾多次提到，这里不再赘述。

（2）开展行动。目标制定之后，一定要鼓励孩子行动起来，过程中遇到了困难，可以用上面讲到的以问题为导向的应对方式，或者以意义为导向的应对方式，也可以用第二章提到的成长型思维、LEAD 工具等。

（3）取得成果。孩子一番行动之后，一定会带来一些成果，这些成果包括对自己更加积极的认知，也包括来自外在的赞誉。总之，这些都会给孩子带来愉悦和自信。

（4）价值体验获得。成果的获得与展示，强化了孩子对于自我价值的积极体验。比如，在小学三年级之前，我都不是成绩很好的学生，甚至可以说是学习没有入门，小学一年级的时候，放学了经常被留校。后来到了三年级，我突然开窍了似的，上课也听懂了。那会我自己就定了一个小目标，期末考到 90 分以上。目标定下来以后，我就积极行动，不懂的问题缠着老师问，认真做课后作业，后来真的在期末考到了 90 分以上，班级第四名。我深刻地记得那是 20 年前一个冬日的下午，我站在期末表彰大会的领奖台上，校长给我们台上的五位同学发奖状。站在领奖台上，我极力保持克制和淡定，没有喜形于色，但是台下家长们的掌声，还有相机的咔嚓声，还是让我心里乐开了花。

事实上，这次获奖也极大地肯定了我的自我价值，让我相信努力可以实现自己的目标。后来，好的学习成绩也让我获得了作为优等生的待遇，比如在全校学生面前做示范操、代表学校参加校外竞赛等，这些都进一步强化了我的自我价值感体验和自我价值感获得。

针对孩子沉溺手机、平板电脑的三个解决方法

1 家长反思并完善自己的教养方式

情感上忽视孩子？　过于严厉，忽视孩子的感受？

2 指导孩子如何应对

- 情绪导向应对：努力调节
- 问题导向应对：个人行为改变；消除压力来源
- 意义导向应对：通过信念、价值观和目标激励

3 帮助孩子找到自我价值感

制定目标　属于孩子的
→ 开展行动　鼓励执行
→ 取得成果　赞誉、认知
→ 价值体验获得
我能行，努力有意义

拆为我用　请想一想，还有哪些提升自我价值感的方法？

自我管控

怎样让孩子学习时坐得住

经常有家长问我："我的孩子又因为上课说话被老师留下来了，为什么他就坐不住呢？""我每天都苦口婆心地跟孩子讲道理，他做得好时也鼓励他，他听进去了，也知道错了，但是一上课怎么就管不住自己了？"

还有一些孩子，不光是在上课时乱动，在家里做作业时也坐不住，写作业时一会看手机，一会喝水，磨蹭半天也没写完。你让他好好学习，他说知道了，但是一上课或写作业就又管不住自己了。你指责他，他跟你闹脾气，本来还能边玩边写把作业完成，结果一批评就光在那里抹眼泪了。

孩子为什么坐不住

孩子自我管控能力差，坐不住，这主要跟孩子天生爱动的特点有关。我们去观察那些让人失控的行为，往往会发现它们有一个共同点，那就是它们都是人类在进化过程中形成的本能行为。

所谓本能，就是那些在进化过程中能让人类活下来、活得好的行为。比如，人类远古时代靠打猎为生，对周围的世界也特别敏感，一有风吹草动，就会警觉地停下手中的劳动去查看到底发生了什么。保持敏感和警觉，能让我们的祖先保证自己的生命安全和捕获更多的食物。孩子也是这样，孩子天生遗传了这种对周围的世界特别敏感的基因。

我们经常看到孩子看小说、看课外书很投入。孩子开学刚拿到书本时都会迫不及待地翻一翻，因为他想看看里面有什么新鲜有趣的内容，这就是孩子的本能。但如果在日常的学习中让他去把一篇课文读了又读，然后背诵，去学习里面的生字、新词，这个就不是本能了。这是一件需要反复甚至深入思考的事情，非常辛苦，也非常枯燥无趣。

学习本身就是一件违反本能的事情。尤其是存在外界环境的干扰，孩子肯定是很难专心学习的，尤其是还处在低年级阶段的时候。

另外，从脑认知科学来看，人类负责情绪控制、高级认知行为功能的前额叶在 25 岁左右的时候才发育完全。因此，我们真的不能苛求孩子像成年人一样有良好的自我控制能力。

家长可以做的

提高孩子的自我控制能力，家长可以从下面几点抓起：

1. 让孩子理解学习是一件有意义的事

孩子对学习有抵触心理，是因为他从内心深处认为学习是为别人学的，自己是被家长、老师逼着学习的，各种作业都是一些不想完成的任务，一点乐趣都没有，自然就没有自我能动性。

因此，家长要做的第一件事就是要让孩子明白学习的意义。

比如背单词。背单词是一个重复循环的过程，枯燥乏味，孩子不仅存在

背过的单词看似熟悉却容易遗忘的过程，还会被一些生僻单词困扰，这时就很容易丧失对背单词的信心，甚至通过做一些其他的小动作来逃避。但如果在孩子背单词的时候，你告诉孩子学习英语单词的一些好处，比如记住单词以后，可以看自己喜欢的英语原版电影，可以流畅地和外国小朋友交谈，可以有丰富多彩的冒险之旅，等等。这样孩子在学习的过程中会因为有憧憬和期盼而有了坚持的理由，这就是通过赋予学习意义来带动孩子的学习积极性。

再比如做笔记。孩子有时候为了快点完成，会加快书写速度，笔迹潦草，有时候连自己都认不出来。家长可以告诉孩子做笔记的一些好处，比如自己查阅的时候效率会高一些，如果被其他同学看到自己的笔记，可以增加自己的印象分，等等。

我们要让孩子明白，学习不仅仅是为了追求分数，还有其他意义。当孩子明白他会得到什么，才会决定要不要坚持，要不要去管束自己的行为。

2. 培养孩子良好的学习和作息习惯

当一个人养成了某一项习惯，就很容易坚持，不会因为外界环境的改变而轻易地放弃。比如，我们每天早晨起来刷牙洗脸，不会因为今天不高兴，就不刷牙洗脸了。同样地，如果培养孩子好的学习和作息习惯，他也很容易坚持，不容易受不良情绪或其他外界事物的影响。

培养孩子的习惯，可以让孩子从做一件相对容易的事情开始，给予孩子及时反馈，然后再针对良好的习惯对孩子进行合理的奖励，这样能让习惯养成变得非常轻松和容易。比如，关于培养孩子每天读英语的习惯，一开始我会跟孩子及孩子的家长说要培养孩子每天读英语的习惯，取得了大家同意，之后我让孩子每天读 1 分钟就好了，高兴了可以多读读，但是需要孩子通过微信语音的形式发到读书群里，我听了之后会点赞评论。每天读英语 1 分钟，对孩子来说非常容易做到，甚至很多时候，孩子读着读着都不止读了 1 分钟。

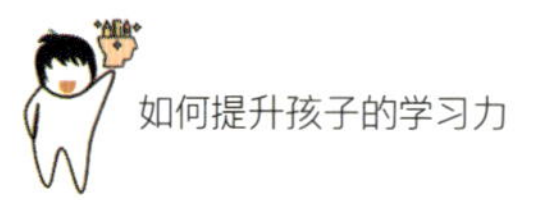

自从每天读英语 1 分钟这个计划启动之后，很多孩子在群里坚持读到现在，甚至春节时还在坚持读。

3. 培养孩子延迟满足的能力

20 世纪 60 年代，美国斯坦福大学的米歇尔（Walter Mischel）教授曾做过一个著名的棉花糖实验。

他请一些孩子来到实验室，先是假装和孩子玩游戏，让他们每人赢得一颗棉花糖。然后，米歇尔跟他们说，我要出去一会儿，这颗糖你们可以现在就吃掉它，如果有谁能等到我回来再吃的话，我会再给他两颗棉花糖，那样他就可以得到三颗棉花糖。他问孩子们："你们想得到三颗棉花糖吗？"孩子们一起大声说："想！""那你们要等我回来吗？"孩子们说："要！"

米歇尔出去，留下孩子们独自面对这颗棉花糖。在 20 世纪 60 年代，棉花糖对一个孩子来说有特别大的吸引力，这些孩子能不能抵挡住棉花糖的诱惑？他们能够为了得到三颗棉花糖这个终极目标而进行自我控制，延迟想要吃棉花糖的冲动吗？米歇尔把这种能力叫作延迟满足，它代表着个体的自我控制水平。

实验结果发现，只有 1/3 的孩子能够成功地控制住自己对棉花糖的渴望。20 年后，米歇尔对参加过实验的孩子进行追踪调查，结果发现，当年延迟满足能力好的孩子，他们 20 年后在社会上的表现也更成功。

微案例：坚持复习完毕的 Linda

我有一个名叫 Linda 的学生，她在四年级的时候从内地转到香港上学。孩子想在香港上比较好的初中，五年级的成绩也是非常重

要的。有一次，正好赶上一次大型考试，孩子妈妈打算在考前的一个晚上带着孩子把所有章节的重点，以及做过的错题全都复习一遍。复习持续了将近三个小时，已经是晚上10点了，勉强过完了所有的章节重点，做过的错题也看了一半。

妈妈担心孩子睡眠不足，影响第二天考试，就让孩子睡觉。然而孩子自尊心非常强，虽然有点困了，但一定要坚持把剩下的错题全部看完。又过了一个小时，孩子把剩下的错题全部看完了，她完成这些后，竟然高兴地拍着桌子，大声说："我全部复习了，我复习好了！"那一刻，孩子很开心，妈妈也很激动。

第二天考试的时候，竟然真的出了孩子前一天复习的错题。这次考试让孩子获得了无法言说的喜悦和成就感。这让她觉得为了目标而克服疲惫等困难，并坚持下来是很值得的。

关于延迟满足，很多人可能会有两个误解。

第一个误解：很多人认为延迟满足就是让孩子忍耐。事实上，延迟满足能力不是简单的忍耐，而是一种对未来的权衡。

当孩子明白他坚持下来，后面会有一个让他更心动的好处，他坚持的基础就坚实了。

第二个误解：培养孩子的自控力就是让他延迟满足。

延迟满足不等于自控力培养。自控力是远比延迟满足更广泛的概念，只不过使用延迟满足来提高孩子自控力的情形更容易被观察到。但我们需要注意的是，真正的自控力，其表现是非常丰富的。比如，在生活中，小孩听从家长的指令，或者专注地玩玩具，这些都是自控力的表现。

父母应在生活中培养孩子的自控力，而不是纠结于满不满足孩子的要求。如果要求合理，就没必要延迟，故意不满足孩子的要求。如果长期对孩子的情感不做及时和适当的回应，反而会伤害亲子关系。培养自控力的关键，就是让孩子在合适的时间和地点做该做的事。

怎么让孩子学习时坐得住

1 给孩子一个不受干扰的环境

2 帮助孩子提高自我控制能力

（1）让孩子理解学习是一件有意义的事

（2）培养孩子良好的学习和作息习惯

（3）培养孩子延迟满足的能力

警惕误区

1. 延迟满足≠忍耐　　　　延迟满足＝对未来的权衡
2. 延迟满足≠自控力培养　　　　延迟满足＜自控力培养

拆为我用　想一想，你打算如何提升孩子的延迟满足能力？

意志锻炼

如何解决孩子学习的三分钟热度问题

很多家长都会发现这样一个现象，无论孩子一开始有多喜欢某一件事物，可总是三分钟热度，很快就失去了兴趣。

孩子为什么会三分钟热度

孩子的注意力是随着时间慢慢增长的。孩子在 4 岁以前没有时间概念，记忆力也不够持久。对于刚来到新环境不久的孩子来说，周围一切事物都是新鲜的。他不断地去接触身边各种各样的事物，什么都看，什么都碰，什么都摸，对一切都感兴趣。如果他的注意力只能专注在一个事物上，那么他其实是屏蔽掉了许多东西，会错过很多成长的机会。他只有通过不断尝试许多事物，才能最终确定自己的兴趣，知道什么是自己应该专注的。

因此，在没有人为因素的干扰下，孩子对于自己喜爱的事物会本能地专注下去，而面对自己没有兴趣的事物，就会表现出坐立不安、三心二意的情形。比如，有的家长让自己的孩子去学舞蹈、钢琴，这些东西都是孩子之前没有接触过的新事物。在好奇心的驱使下，孩子愿意去尝试，因此孩子要求买舞蹈鞋、买钢琴，这都是孩子准备开始去尝试一种新事物的表现。可是一段时间以后，孩子开始排斥这些东西，就不再感兴趣了。

面对孩子三分钟热度，父母怎么做

孩子的语言表达能力还不够成熟，常常不能用语言清晰地表达自己的想法，家长要对孩子做一个正向引导，让孩子对事物真正感兴趣，有目的、有秩序地把想要学的东西学下来。可以从以下两个方面入手：

1. 尊重孩子的三分钟热度

孩子看到各种新奇的东西时难免会一股脑想要尝试，好奇心让人产生兴趣，兴趣浓郁，再加上刻苦练习就会产生结果。但也有一些兴趣，在尝试的过程中，会发现不合适。这个时候，家长就要学会理解孩子三分钟热度的心理，跟孩子沟通，了解孩子的想法，从而给予孩子更多自由选择的机会。

微案例：放弃学舞蹈的欣欣

7岁的欣欣上小学一年级了。有一天，欣欣放学回到家，跟妈妈嚷嚷着要学习芭蕾舞，因为她学校的音乐老师会跳芭蕾舞。可是当妈妈给她报了舞蹈班后，欣欣只去了一周，就嚷嚷着不愿意学了。妈妈非常恼火，痛斥了欣欣一顿，好说好哄地又把她送去了舞蹈班。结果下午老师就打电话给妈妈反映，说让欣欣做练习，欣欣站在那里一动不动，什么话也听不进去。

欣欣的妈妈问我怎么办，我就问她有没有去了解一下欣欣到底在想什么。她说光想着怎么让欣欣听话去练习舞蹈了，还真没想过这个问题。她回家跟欣欣交流之后才了解到，欣欣只是因为喜欢音乐老师才想去学芭蕾，但是学习以后，发现自己并不是真的感兴趣，就不想学了。

后来妈妈又问她真正感兴趣的是什么，她说是玩水。想起她每次玩水一玩就是一下午的场景，欣欣的妈妈便尊重她的决定，不再让她上舞蹈课了，而是给她报了一个游泳班。

2. 适当引导，学会专注

做事情三分钟热度也是孩子认识新鲜事物的一个过程。但如果随着孩子年龄的增长，仍然是三分钟热度，那么家长就要在尊重孩子想法的前提下，适当引导他专注于一件感兴趣的事情。

孩子对一件事情的兴趣大致可以分为四个阶段：计划期、行动期、懈怠期、冲刺期。在每个阶段，家长都需要采用相应的引导方法。

（1）计划期。在开始的阶段，体验一个很有兴趣的课程时，人总是会充满兴趣，此时大脑处于兴奋期，也容易被影响和劝服，很容易会马上给自己一个计划，但此时往往会制定过高的目标，忽略执行难度，最终容易无疾而终。比如，很多孩子考试没考好，就一下子买好几本练习册刷题，往往第一本练习册没做几页就坚持不下去了。

在这个阶段，家长需要注意的是，不要给孩子定下很多任务，比如一开始就给孩子报好几个不同类型的兴趣班等。人的大脑学习新东西需要突破舒适区，相比做重复或擅长的事情，涉足新领域要消耗大脑非常多的能量。如果同一时段既想学这又想学那，最终学习会成为一种负担。孩子每天都疲于完成任务，学习的乐趣没有了，动力就会被耗尽。

（2）行动期。在行动初期坚持起来还比较容易，这段时间有比较多的正向反馈，可以体会到成就感和愉悦感。比如，我的学生每天在群里发英语的读书语音，我都会点赞，不当的地方会指正，他们会感到很有成就感。

然而，这个阶段也是非常脆弱的，容易放弃。主要有两个方面的原因：

一是练到一定程度，觉得也就那么回事，变成了每天重复操作，找不到继续精进的动力。比如，有的孩子玩魔方，玩着玩着就会觉得，如果不去参加比赛，我 2 分钟和 10 秒钟还原它有啥区别呢？只是熟能生巧而已，后来可能就慢慢很少摸它了。

二是遇到了小挫折，或者练习并没有进步，这时会怀疑自己："我可能不是这块料！"此时就开始用天赋作为借口，放弃继续练习。

如果想在行动期坚持下来，就需要有一些好的方法，第三章第四节提到过一个特别好的方法——游戏法，将游戏元素融入对兴趣和学习的坚持当中。

以前面提到的学生在群里读英语这件事为例。我刚开始让孩子们读一小段，每天读一小段得一面小红旗，坚持 30 天的孩子可以兑换一件价值 20 元以内的文具；然后让孩子们读一篇文章，每天读一篇文章并坚持 60 天的孩子可以得一本自己喜欢的英语书；接着让孩子们每天读完一篇文章后，用自己的话复述一遍，能坚持 6 个月的孩子可以得到更高的奖励。用这种方法，后来大部分孩子都能读完一篇文章并用自己的话来复述了。

这个读英语的过程就很像是打游戏通关，让孩子一直有动力坚持下去。因此，如果孩子在行动期遇到了困难，我们可以考虑使用游戏法来帮孩子更好地坚持下去。

（3）懈怠期。有时候，我们发现即使设置了一些机制，孩子仍然会有

懈怠期。在上述学生读英语的案例中，有的孩子就没能坚持下来，在他们看来，大不了不要奖励，或者让其他孩子嘲笑一下罢了。

很多时候，打卡读书会慢慢变成一种负担，本来是为了进步而学习，结果变为应付打卡而学习，每天都拖到最后一刻，自然容易敷衍了事。

当孩子出现懈怠期时，家长可以教孩子适当变化一下内容和形式来保持学习新鲜度。比如，孩子之前都是通过语音的形式发送读书内容，那是否可改成发视频呢？甚至用比赛的形式，听后总结其他人读的内容是什么，让孩子换个角度去学习也是一种不错的方法。

（4）冲刺期。学习本身是没有终点的，但是对于那些为了考试或比赛而进行学习的孩子来说，他们会有一个截止期，而且经常会遇到。在快要到达终点，要去面对成果的检验时，有些孩子会放弃，他们放弃的原因要么是恐惧失败，要么是恐惧成功。

恐惧失败的人整天想着万一失败了，别人会怎么看我，我该多么没面子，还不如中途找理由放弃，没有成绩比成绩很烂要好得多。于是他们开始懈怠，身体上也出现各种不适，最终停止了学习。

恐惧成功的人在骨子里认为自己不配成功，别人都可以成功，我怎么可能会成功呢，万一成功了，别人发现我懂的并没有那么多该怎么办，被太多人关注也不好，我还是不要成功的好。

克服恐惧的方法就是迎接恐惧并战胜它，无论成功与失败，最终都会导向未知，但人生正因此而精彩。父母需要做的是鼓励孩子自己调整好状态，直面考验。

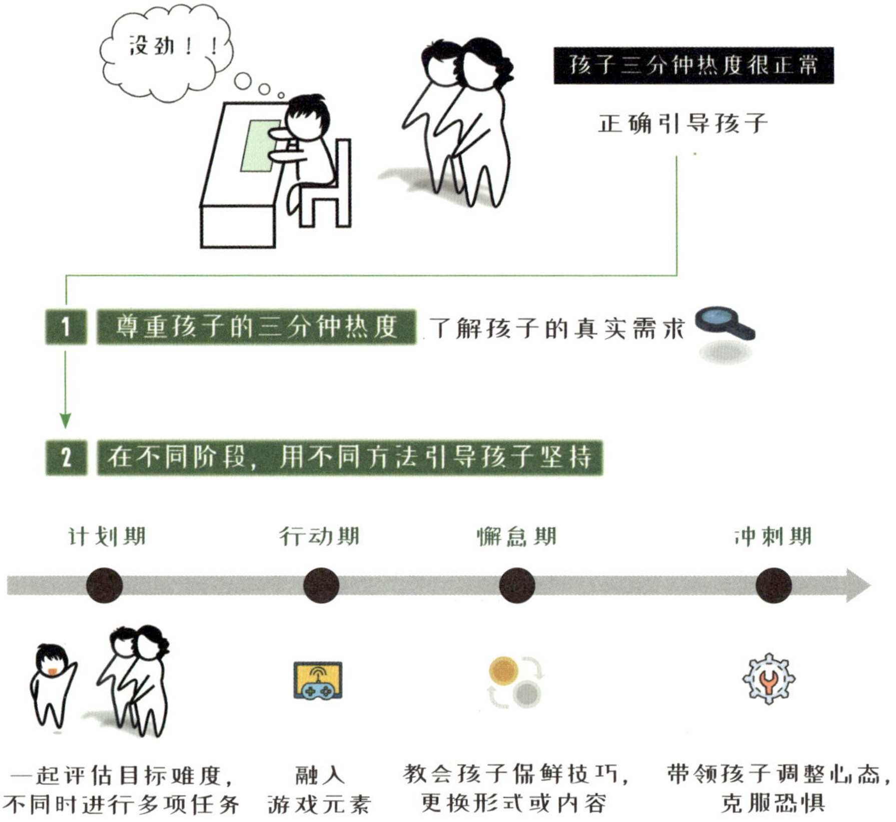

没劲！！

孩子三分钟热度很正常

正确引导孩子

1 尊重孩子的三分钟热度 了解孩子的真实需求

2 在不同阶段，用不同方法引导孩子坚持

计划期	行动期	懈怠期	冲刺期
一起评估目标难度，不同时进行多项任务	融入游戏元素	教会孩子保鲜技巧，更换形式或内容	带领孩子调整心态，克服恐惧

拆为我用 请你试着回顾一下，可以用哪些方法解决孩子三分钟热度的问题？

正向引导

孩子自暴自弃，家长该怎么办

很多家长发现，当孩子成绩不好时，他会越来越不爱学习，反倒是玩手机和游戏非常起劲；计划的事如果有一两天没有完成，后面索性就放弃了。有的孩子甚至会说，反正我也学不会，学了也是白学；反正我的计划已经被打破了，我永远也做不好……

孩子为什么自暴自弃

孩子有这种自暴自弃的心态，主要跟两个方面有关：一是认知失调，二是应激反应。

1. 认知失调

认知具有保持一致性的趋向，一般情况下，个体对于事物的态度和行为是相互协调的；当不一致时，就会产生认知不和谐的状态，即认知失调。

认知失调会导致心理紧张，个体为了解除这种紧张状态，会使用改变认知、改变行为等方法来恢复心理平衡。

比如有些孩子，老师认为他给班级拖了后腿，家长觉得他不可救药。这样孩子做起坏事来就更心安理得了，“既然我不是好人，为什么要做好事呢？”“再说了，做好事也对不起大家给我的这么多称号啊！”

这就是典型的通过改变认知来改变行为的表现。孩子为了减弱这种被指责的感觉，他会把自己的姿态放得很低，用一个较低的自尊心来达到与犯错行为的协调。从潜意识里，他也认为自己是不招人喜欢的，是不够好的，才表现出一副“我就这样，你能怎样”的态度而毫不愧疚。

对于这样的孩子，我们可以通过改变他的行为来影响他的认知。

微案例：重拾自信的丽丽

我的一个学生丽丽，在刚升初二的时候比较浮躁，整天跟同学嘻嘻哈哈，耍小聪明，就是不知道学习。她平时上课也是恍恍惚惚，常常走神。她每天回家都想玩手机，作业很少主动完成，经常拖拖拉拉，妈妈稍微说她几句，她就反应激烈。后来妈妈再说她，她干脆把门也关了，自己躲在屋里。妈妈实在拿她没办法，只能眼看着她的成绩一滑再滑。

后来我向她妈妈了解到，丽丽小学时成绩一直名列前茅。初中开始，学科增加，课程难度也比以前更大。因为不适应，她前几次考试成绩不是很理想，回家后妈妈又一直叨叨她，索性她就认为自己不行，自暴自弃了。

了解这个情况后，我跟丽丽说：“我觉得你最近实在太不像话了，我都有点不想管你了，但我又觉得不管你太可惜了。要不这样，

你每天下午放学以后到我这儿来上一会儿自习，我监督你一阵，好不好？”她有些不情愿，但还是答应了。

在这以后，每天下午放学后，她都来校区的自习室学习，就这样坚持了一阵子。有一次，我问她：“你现在感觉如何？”她说：“挺好的。刚开始心里还不愿意，不过现在真的觉得自己很充实。”我知道，她已经成功找到各种理由和各种感觉说服自己当下的这种行为。

这就是所谓的纠正认知失调的方法，通过改变行为来改变认知。要想让孩子好好学习，不自暴自弃，不仅要考虑怎么改变孩子的观念，更要考虑如何改变孩子的行为，特别是让他跟你一起完成某件事，当完成以后，他会更容易改变自己的看法。

2. 应激反应

有的孩子习惯性自暴自弃，跟他自身的应激反应有很大的关系。

所谓应激反应，就是当压力来临时，身体内部会发生某些变化，使我们在危险情况下能够本能地保护自己。

在面对困难、情绪低落、感到压力时，大脑为了不让我们陷入痛苦之中，它会让我们去寻找“奖励”，让自己快乐起来。什么样的“奖励”能让我们快乐起来呢？当然是各种休闲活动。对孩子来说，可能是打游戏、发呆；对大人来说，可能是刷朋友圈、吸烟、喝酒、购物、吃东西。

但是，这种放松感持续不了太久，通常超过半小时，就会让我们有种失去控制的感觉。在这种状态下，如果自控力不够，就很容易陷入一种自我放纵。

对于孩子来说，当压力太大时，他也会去找放松的方法，但这些放松的方法并不能让他真的放松，反倒让他觉得缺乏自控感而感到后悔和自责。接下来他会更多地玩游戏，更多地选择逃避来远离愧疚感，形成一种恶性循环。

家长如何引导孩子回到学习的路上

很多孩子自暴自弃，并不是他态度不端正，而是他的自控力太弱了。要想打破学习中的这种恶性循环，我们就要让孩子重获对学习的控制感。

家长可以先引导孩子从能实现的小目标开始，循序渐进。一定不要一说改变就下定很大的决心，痛改前非，做出翻天覆地的变化。

很多孩子一次考得不好，他下定决心要好好学习，和爸爸妈妈一起制订一个了不起的学习计划：我每天要这么学，下次考试要达到多少分。他可能会坚持几天，但是很快发现学习量实在太大了，然后就觉得自己真的无力去改变，又会陷入一种恶性循环，开始自暴自弃。

对于这种情况，家长要有耐心，可以先让孩子从收拾干净桌面开始，收拾完后，坐在那儿体会一下自己收拾桌子的成就感，然后拿起语文书读五首古诗。这两项任务都不难，当孩子做到时，内在的控制感会增强。这时我们再跟孩子一起坐下来制订后面的学习计划，就会更有力量。

如果实验几次效果都还不错，孩子每天的学习都可以从这两项小任务开始。你也可以买个哑铃，让孩子每天在学习前托举一会。运动之后，孩子的神经活动变得活跃，再坐下来学习就能轻松进入状态。在任务开始之前，启动一些仪式性的程序，比如跑步、吃水果等都是不错的，也可以提升孩子的专注力。

还可以采用游戏法来增加孩子对学习的控制感，将游戏背后所包含的元素融入学习中，孩子有了掌控感，对学习自然就有兴趣了。

1. 认知失调

用较低的自尊心来达到与犯错行为的协调

2. 应激反应

选择逃避，缺乏自控，以致自我放纵

自暴自弃的两个原因

应对自暴自弃的方法

宝宝，我们希望你……

纠正认知失调

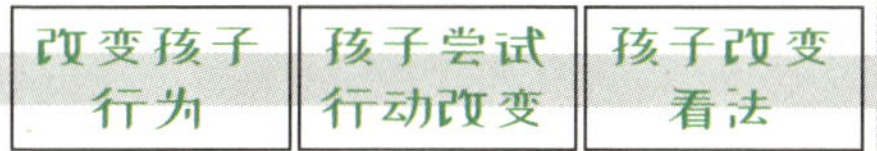

增加孩子对学习的控制感

拆为我用 你认为增加孩子对学习掌控感的方法还有哪些？

添加一芳老师微信，
一起高效陪伴孩子成长！

第七章

| 做智慧型家长 |
成就孩子终身学习力

家长对孩子最大的支持，就是帮助孩子发掘他的潜能和优势，培养他终身学习的能力，找到适合孩子发展的道路，支持孩子成为他想成为的人。

角色定位

家长的正确定位，成就孩子的一生

为什么全身心地为孩子付出，却往往事与愿违？为什么对孩子管得越多，孩子身上的毛病越多？为什么家庭教育在大教育体系中的作用总是受到限制？

这些问题的症结之一就是家长角色定位错误。

家长到底应该做些什么

家长到底应该做些什么？在许多人看来，这是一个再简单不过的问题了，然而大多数人的认知却未必正确。一些家长对“家庭教育”的诠释就是“家庭学习”，而教育孩子主要就是抓孩子的学习。

在一项全国性的教育调查中，调查人员发现，绝大多数家长把抓孩子的学习放在了自身职责的首位。数据显示，有 52.5%的家长为孩子安排课余学习的内容；有 34.6%的家长陪着孩子做功课；家长与孩子谈话的主题，93.4%是孩子的学习。孩子的学习已经成了家长与孩子互动的中心内容，家

长把自身的角色定位为孩子“学习的拐杖”，而不是“做人的向导”。

这种角色定位错误，一方面与当下普遍的教育焦虑有关，似乎学习好才是唯一出路，才能让家长脸上有光；另一方面，也有家长自己的内心想法在作祟。比如很多家长会把盯孩子学习，让孩子学习好、获得高学历，当作对自己当年学习不好、没能获得高学历的补偿。

家长角色错位，看起来似乎只是让孩子学习变得苦不堪言，实际上也带来了很多不良后果，包括：

（1）家长忽视孩子兴趣、人格和潜能的培养，家庭成为学校补漏的第二课堂，父母过多地承担了辅导孩子功课和对文化知识进行补习的职责。

（2）家长受累不讨好，由于家长长期代办，剥夺了孩子许多体验生活的机会，限制了孩子的全面成长。

家长的正确定位是什么

这里我结合孩子的成长规律及管理学中情境领导力的相关知识内容，给大家分享一个家长角色模型，透过这个模型，我们会很清楚地了解，在孩子的成长过程中，我们应该扮演什么角色，以及如何扮演好这一角色。

领导力专家保罗·赫塞曾经提出一个概念——情境领导力。它是指根据自己、他人和工作任务的不同情境，选择适合的领导方式。这就像驾驶者根据不同的路面选择不同的驾驶方式一样。

保罗·赫塞把领导方式分成四种：

指导（directing）：在这个阶段，领导者寻找需要告知的领域，给予指导、教育或亲自示范如何做，同时检查是否理解。这一阶段不应给予过多的支持行为，过多的支持行为会使员工误以为领导者会容忍或接受不佳表现。

教练（coaching）：该阶段的员工缺乏必要的知识和技能，但具有工作的意愿和学习的动机，所以领导者要进行较多的工作指导，并给予支持和鼓励。

支持(supporting): 在这个阶段，领导者进行较低指导，给予更多的支持，引导员工抒发个人意见，询问开放性问题，让他人做决定。

授权（ delegating ）：在这个阶段，领导者给予低的指导和低的支持。领导者允许员工主动开展工作，甚至给予他更多的挑战，必要时给予反馈。

根据这四种领导方式，我将家长在孩子的学习和成长过程中扮演的角色分为指导者、教练、支持者及授权者这四个角色，即家长角色模型。

可能有的家长说，父母不能将职场的管理思路运用到孩子身上，但是自

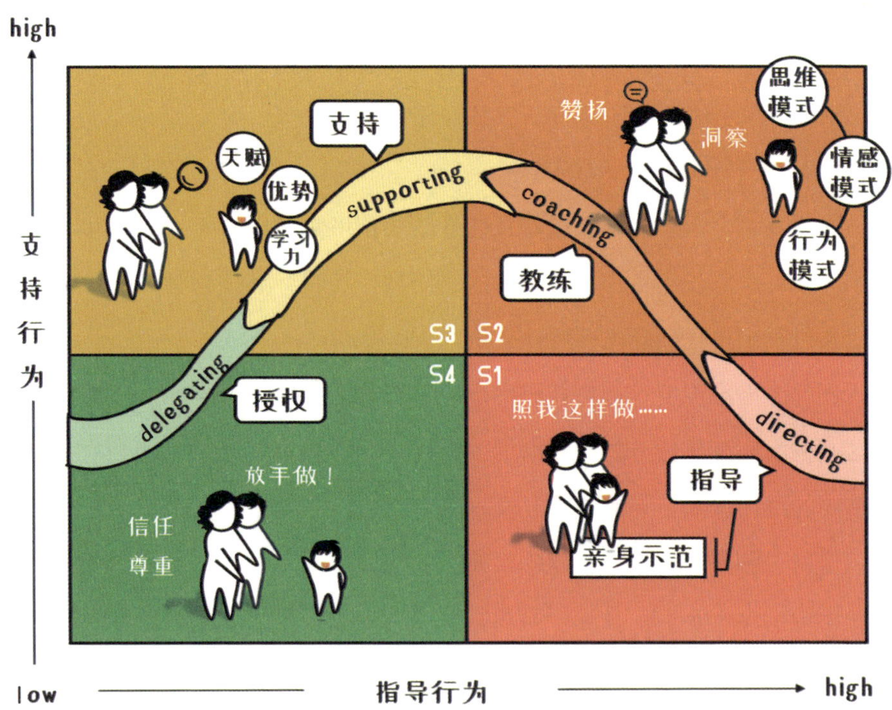

父母无论扮演哪种角色，都需要给予孩子必要的反馈

从做了父母之后，我发现教育孩子和做管理真的很像，掌握这套管理方法，教育孩子很多时候就不会无所适从了。

这听起来似乎有点悬。这里，我们以《摔跤吧！爸爸》这部电影讲述的故事为例就容易理解了。

《摔跤吧！爸爸》是一部由真实故事改编的电影。它讲的是一个印度的摔跤爱好者把自己的两个女儿都培养成世界摔跤冠军的故事。很多家长看过后很感动，但是有一点可能很多人都没有注意到，那就是这个爸爸的成功之处，在于他无意中使用了情境领导力。

在电影中，一开始，两个女儿都不好好学摔跤，爸爸强制性地给女儿剪了短发，换上短裤，每天要求女儿早起跑步，甚至打破家族吃素的传统，每天要求女儿吃鸡蛋、吃鸡肉，补充营养。在这个阶段，爸爸亲自示范，这就是指导阶段。爸爸充当的就是指导者角色。

在某些方面，我是认可这个爸爸的做法的。孩子的自律性相对成人较差，这也是正常现象，家长应该对孩子进行学习心态的调节，在时间分配、学习节奏等方面予以必要的提醒和指导，就像一个好的运动员必备一个好教练一样。孩子玩游戏过头了，看课外书过晚了，学习用功过度影响生长发育了，总是需要外力来限制一下的，那种不管不顾的状态肯定是不合适的。关键是家长指导和监督的水平好不好，好的指导者对一个孩子的影响非常大。

家长懂一点孩子的心理，掌握一些学习的基本规律，有一些明确易操作的底线，是发挥好这个角色作用的基础。当然，这并不是一件很容易的事情，家长要根据孩子的情况，细心琢磨，反复调整，才能掌握一套行之有效的指导孩子的方法。

很多家长监督孩子，就是问一下作业做好了没有之类，至于耐心细致的具体指导却往往没有。很多时候，对于孩子的学习甚至教育问题，家长都拜托给老师。我特别害怕听到的一句话是："老师，孩子我送过来了，就拜托您啦！”

教育孩子是全社会共同的责任，家长又怎能一推了之呢？尤其是在孩子上中学之前，有些事情就是需要家长亲力亲为，做好应有的示范和指导。

在《摔跤吧！爸爸》这部电影中，过了指导阶段，两个女儿的身体素质逐渐强壮起来，对摔跤也越来越有感觉。爸爸替女儿在田间建了一个简易的摔跤训练馆，慢慢教给她们很多技术动作；带她们参加各种比赛，一点点地帮她们把技术磨炼得更成熟。这就是在实践中不断帮孩子提高技术的教练阶段。在这个阶段，爸爸充当的就是教练的角色。

有人提倡我们应该做教练型父母。什么是教练型父母？教练型父母在教练孩子的过程中与孩子是一种新的“伙伴”关系，在这种关系中通过一系列有目的、有方向、有结构的对话，洞察孩子的心智模式（思维模式、情感模式、行为模式）。

针对孩子的现状，向内挖掘潜能，向外发现可能性，让孩子成为觉醒的、负责任的创造者。有能力给孩子提供教练的父母就被称作教练型父母。

同样，在这部电影中，因为爸爸指导得非常好，大女儿很快就进入了国家队，由专业的教练来指导。虽然大女儿的技术已经很纯熟，但是她每次离世界冠军都差一步。为什么呢？因为到了这个阶段，人的发展不仅需要技术上的教练，更需要精神层面的支持，她需要知道做这件事背后的原因是什么。

国家队的教练总是对她说：“不要输就好了。”这种保守的打法完全把大女儿自身的优势给压制住了。连输三年后，她逐渐意识到，如果想再往前迈一步，她需要的是支持。她重新回到爸爸身边，请爸爸开小灶，耐心地磨砺每一场打法，最终一步步打进了决赛。这就是爸爸对孩子的支持阶段，爸爸充当的就是支持者的角色。

当大女儿终于站在决赛的赛场上面对着她有生以来最强大的对手时，爸爸却被国家队教练困在赛场外，没法在现场支持她，她只能一个人面对她有

生以来最难打的一场比赛。这时，爸爸无意中又完成了最后一种领导力——授权。当女儿独自面对挑战时，她突然想起了爸爸过去的种种教诲，并在最后关头反败为胜，成为印度第一位女性世界摔跤冠军。这就是爸爸对孩子的授权阶段。

很多人都说这个爸爸是一个伟大的摔跤教练，在我看来，他更是一个拥有伟大情境领导力的领导者。

父母如何支持孩子

回到现实生活中来，家长如何支持孩子呢？

家长对孩子的支持，不一定是带着他做题、读书和学习，而是帮助孩子发掘他的潜能和优势，培养他的学习力，找到适合孩子发展的道路，支持孩子成为他想成为的人，而不是让孩子实现家长的愿望和目标。

在本书第二章第一节里，我们分析了家长如何找到孩子的优势，什么能够成为孩子的优势。优势包括三个元素：

（1）孩子擅长做某事，对比同龄人或自身其他方面，有优异的表现。

（2）对某种事物天生充满了激情。

（3）愿意投入时间，并为之努力。

在第二章第一节里，我也提到了如何让优势成为孩子的动力源，大家可以温故一下。

如何培养孩子的学习力？根据国内外的文献研究，以及这些年的教育教学经验，我总结出学习力钻石模型，可以从六个维度来培养孩子的学习力，分别是亲子关系、成长型思维、学习动力、学习能力、学习方法及学习毅力。事实上，本书就是按照这个模型思路来创作的。我相信，真正践行了这些教育理念和工具之后，孩子的学习力一定会得到较大的提升。

在第六章第三节里，我提到了自我价值感模型，包括制定目标、开展行动、取得成果、价值感获得，四个步骤形成了闭环。如果家长让孩子行动的不是他的目标，即使取得了阶段性的成果，孩子也很难获得真正的自我价值感，更别说成为他自己了。

如果说在幼儿园和小学阶段，家长扮演的角色更多是指导者、教练和支持者，那么到了初高中阶段，家长就要考虑对孩子进行更多的授权了，鼓励孩子自行探索、思考解决问题的方法，尊重孩子的决定。

孩子进入青春期以后，对父母抱怨最多的就是父母不能百分之百地信任自己，其实这里就涉及家长授权不充分的问题。在孩子进入青春期之后，家长需要做到“三不一必”：不鼓励，不反对，有求必应，无求不应。做到“三不一必”，家长才算是对孩子完成了基本的授权。

父母与孩子就是一场渐行渐远的离别。父母如果不希望养一个“巨婴”，唯一能做的就是扮演好父母的角色，在离别之前，给予孩子更多指导、支持、授权，才能有底气目送孩子远去，才能让孩子离开自己之后，坚强地迎接来自生活的磨砺，有能力接受来自命运的挑战和馈赠。

拆为我用 本节中提到情境领导力模型，讲述了哪几种领导方式？你觉得适合家长运用吗？

做好规划，让孩子少走弯路不迷茫

学业规划是指对孩子某一时间阶段内的学习所进行的规划，目的是让学习的内容更加清晰明确，更有针对性。学习规划还可以让孩子明确学习的方向，从而将大的目标分为若干个不同阶段的目标，阶段性目标的完成能让大目标的实现概率大大增加。

为什么要进行学业规划

之所以要重视学业规划，我认为主要有三个原因：

1. 新高考改革

在当前高考竞争激烈的背景下，孩子在选择文理学科时有了更多的自主选择权，家长唯有与孩子密切沟通，才能了解孩子的选择是否合适。

过去一般认为，学业规划就是刷题、补习，再选科，然后应对考试。当下家长可以结合科学的方法，运用有趣的心理学来全方位观察、了解孩子的性格、能力、兴趣、价值观，从而给予有效的反馈与支持，帮助他正确认识自我，成为孩子最强大的后盾。

2. 孩子自身学业发展需求

在学习过程中，很多孩子都会陷入学习的混沌区，面对各种各样的困扰，不知道该如何坚持下去。本质上这是因为孩子缺乏对未来的清晰认知，没有明确的目标。学业规划最大的好处便是可以帮助孩子明确大体方向，帮助孩子发现自身兴趣点的同时，也能够促进孩子的未来发展。因此，从本质上说，这是符合孩子自身学业发展需求的。

3. 社会现实层面的因素

据统计，我国本科毕业生在工作中能够使用到大学所学知识的不到30%。除去继续进修的人，剩下的人都是在工作中重新学习相关领域的知识。这真的是对我们国家高等教育资源的极大浪费。为什么会出现大学学了四年后来却用不到呢？有一个重要原因就在于我们错误的学业规划，甚至缺乏规划，只是被考名校的任务牵着鼻子走。

如何进行学业规划

关于学业规划，我们可以借鉴管理学中的 PDCA 循环模型：

P（plan，**策划**）：按顾客的要求和组织的方针，建立相关目标和过程，确定实施结果所需的资源，并识别和应对风险与机遇。

D（do，**实施**）：实施所做的策划。

C（check，**检查**）：根据方针、目标、要求和所策划的活动，对过程及形成的产品和服务进行监视与测量，并报告结果。

A（action，纠正）：对总结检查的结果进行处理，对成功经验加以肯定，并予以标准化；对失败教训进行总结，引起重视。对于没有解决的问题，应提交给下一个 PDCA 循环中去解决。

1. 针对孩子学业进行规划

规划之前需要带着孩子做好自我定位，以及看清未来的发展方向。针对自我定位部分，孩子需要了解自己的能力特长、兴趣爱好、性格当中的优缺点，这往往需要家长的帮助。家长可以带着孩子观察孩子的成就事件，然后提取成就事件中的共性元素，这些共性元素很可能就是孩子擅长的点。也可以通过专业的心理测试了解孩子将来大概适合读哪些专业，做什么类型的工作，从而做出一个方向性的选择。

如何看清未来社会的发展方向呢？这个比较考验家长的基本功。家长需要加强自身学习，通过多种渠道、形式等了解未来发展趋势。

丹尼尔·平克在《全新思维》一书里提到一个观点：世界已经从过去的高理性时代进入一个高感性和高概念的时代，有六种能力是非常稀缺且重要的。因此当有人将这六种能力整合到一起——通俗点说，就是一个人会讲故事，能跨界，理解人心，有品位，既好玩，又活得有点追求——他将是一个极其强大的人。

我非常认可这种说法，未来的孩子不管学什么，肯定需要理解人性、人心，能跨界、好玩。

做好了自我定位，了解了未来社会发展方向之后，家长就要着手做规划了，主要包括以下两点：

（1）计划内容：时间、事项、具体进度、关键注意点等。

（2）设立考核标准。

2. 实施所做的规划

在实施阶段，我们需要注意的是，记录一些关键情况，比如孩子习惯养成如何？阅读能力培养得怎么样？同时，在孩子执行的过程中，家长可以养成随时记录自己的灵感（主意、点子、思想火花，很有诗意、很有哲理的句子等），防止智力资源浪费的习惯。将闪现的想法随时记录，包括发现的问题、解决问题的方法、合理化建议及听到的一些有启发性的只言片语等，定时整理。另外，针对不确定的情况、有疑问的地方，多查资料，多跟其他家长及专家、老师交流。

3. 检查

检查我们的规划方案与执行结果是否一致，同时找出解决问题的方法。比如，我曾经教过的一位学生，他的父母在他四年级时制订了这样的一个规划：今年参加小提琴比赛、英语通过 PET 考试、参加数学杯赛考试等。这一年孩子和家长都非常忙碌，也很焦虑。实际结果是，孩子英语 PET 考试勉强过了，数学杯赛获得了三等奖，但是小提琴比赛没获得任何名次。从结果来看，没有完全按照计划所预料的那样，整体结果一般。其实，并不是因为孩子不努力，而是这个计划制订得过于饱满，孩子负载过重。

针对刚刚提到的这个情况，孩子父母可以将数学杯赛放在五年级，英语继续往前学，可以安排五年级下学期或者六年级上学期参加 PET 考试。五年级重心放在数学杯赛上，小提琴如果不走专业路线，建议不要把大量的时间都投在练习小提琴上，可以酌情花时间练习。

4. 针对检查发现的问题进行调整改进

家长和孩子最好都能养成阶段性反思，甚至养成每日反思的习惯，包括复盘孩子学习状态、学习结果、学习内容、学习方法等。在刚才我讲述的案

例中，由于重要任务过于密集，孩子的精力有限，疲于应付，因此最后结果一般。具体的改进措施包括分节奏、分重点地制订计划。

经过最后一步的纠正之后，可以按照 PDCA 循环模型再次规划，执行，检查，然后纠正。

用 PDCA 循环模型帮孩子做学业规划

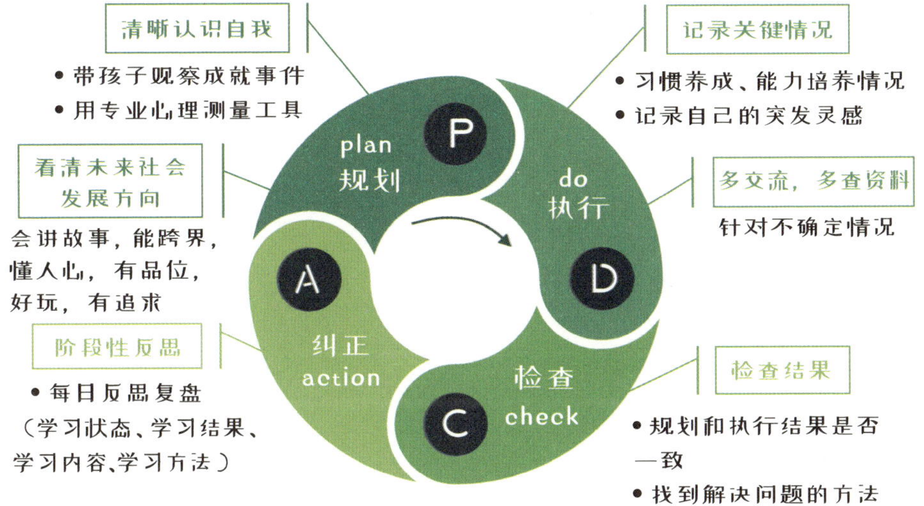

拆为我用 请运用 PDCA 循环模型给孩子做一个学业规划。

学习品格

品格培养，成就终身学习力的基础

最近几年，学术造假、论文抄袭等事件经常见诸报端。在国际上，学术不端行为是非常严重的错误，一旦被揭露，意味着一个人学术生涯的终结。

我在香港上学的时候，刚开学就接受了学术诚信的入学教育。每一次上交作业前，都要签署一份学术诚信的承诺书，并且所有大大小小的作业、论文全部要做查重检测（与网上其他文献的重复率一般不能高于5%），只要一次出问题，这门课就需要重修，情况更严重者，甚至劝退，不予毕业。我还真的目睹过有校友因为论文重复率问题，最后重修课程，延迟毕业。

为什么学术诚信如此重要？因为它不仅关乎一个人的专业能力，而且关乎一个人的学习品格！

什么是学习品格

学习品格指的是能反映学生自己以多种方式进行学习的倾向、态度、习惯、风格等。它不是指学生所要获得的具体知识、技能，而是指学生自己怎

样去获得各种知识、技能。在中小学阶段，家长就应该重点关注孩子学习品格方面的培养，包括学习习惯、专注力、诚实、毅力、冒险精神、抗压力、自信、自控力、责任感及主动性等。

有些家长认为，现在升学这么紧张，我们最看重的是升学和分数，至于学习品格，有那么重要吗？

当然很重要。在我国，历来的读书人都秉持先做人、后做事、再做学问的原则。如果做人做不好，做事肯定也做不好，做学问也做不深。而做人最重要的就是品格的培养。

在教育评价领域，传统的学习评价是对学习结果的评价，强调对学习成效做出价值判断，体现了评价的甄别选拔功能；未来的学习评价应该是“为学习”的评价，把评价看作改进学生学习的有力工具。学习品格评价就是一种“为学习”的评价，涵盖从学习的认知体验、学习动机、学习维持到学习结果的全过程，因此未来整个社会都会更加关注学习品格、学习品质的培养。

如何培养学习品格

在前面的章节中，我们讲到如何培养孩子的学习动力、专注力、抗挫折能力、自控力、控制感，以及延迟满足能力，这些都是学习品格的组成部分。这里，再重点谈谈好奇心、诚实、自信这三个品格。

1. 好奇心

斯坦福大学的招生官曾说：“大学是一个求知的游乐园，我们希望招进来的学生不是只喜欢坐过山车，而是各种项目都可以尝试。我们希望这个学生有所特长，但是也有一些其他爱好。最根本的还是对这个世界有好奇心。”

在人工智能时代，机器会进行深度学习，进而开展工作，这种学习过程

就是大量地识别和记忆已有的知识，人类在这方面的优势将会荡然无存。终身学习才是我们在人工智能时代最大的核心能力，而好奇心则是促使我们不断学习的重要动力。

知名音乐人高晓松曾分享过一个小故事。他妹妹还小的时候，有一回晚上走路时突然问母亲：“为什么我们走路的时候，月亮也在走路？”高晓松的母亲一时答不上来，就把女儿带回家，让自己的父母帮忙解答。全家一个物理博士，一个教授，还有一个本科生围着孩子解答这个问题，孩子会觉得自己的问题受到了重视，继而保持求知欲。

保护孩子的好奇心，父母可以从以下四点入手：

（1）尊重孩子的每一个提问。每一个提问都是一个孩子求知的小火苗。无论孩子的提问在成人看来是多么幼稚可笑，家长也应专心倾听，切不可对孩子的提问抱无所谓的态度或流露出厌烦的情绪。

（2）尝试更多方法引导孩子去探索。孩子的思维比较直观形象，家长应深入浅出、富有趣味地回答孩子的问题，可以和孩子一起去寻找答案，也可以用具体的小实验让孩子去感知。

（3）以开放的态度接受孩子的看法和答案。家长不必急于强调知识的准确性，而应鼓励孩子对周围事物之间的联系进行探索，这样常常能激发孩子更大的好奇心。对于孩子的探索和观察结果，不要随便做出负面评判。既然是孩子的探索，就不要随意否定，要让孩子来主导，让他去整合信息，形成自己的判断。如果家长轻率地否定他的探索结果，他就会怀疑自己的这个体验，那他下次再看到新奇的东西时，就不会立即激发这个新奇经验整合过程，就会慢慢失去好奇心。

（4）多接触外面的世界，多接触鲜活的事物。家长多带孩子去外面的世界看看，孩子接触到的信息越丰富，越容易找到自己的兴趣所在。这些从生活中来的鲜活刺激，最容易激发孩子的好奇心，本质上就是在练习孩子整合

新信息的能力。

2. 诚实

诚实不只与做人有关，也是一项非常重要的学习品格。前面我们提到的学术不端，就是涉及学术的不诚信。

为什么学术诚信那么重要？我想引用爱因斯坦曾经说过的话：“大多数人认为是才智造就了伟大的科学家。他们错了，是人格。”

对于中小学生，学习诚实意味着什么呢？那就是不懂就问，不要不懂装懂，不抄袭他人作业，考试不作弊，等等。

3. 自信

有一位大师说，有了自信，就有了成功的前提；有了自信，就有了做事的从容；有了自信，就有了毅力和守望。

有些父母认为，孩子不能夸赞，一定要鞭策，只有这样孩子才能不断进步，避免骄傲。实际上，这些父母对孩子的进步永远不满意。这样的家庭成长起来的孩子，由于一直得不到父母的认可，因此很难相信自己有能力去做好事情，就算以后取得很大成就，内心也是自卑的。

三毛是一位才华横溢的作家，然而三毛的父亲却对她十分苛责，也不喜欢她的作品。三毛曾直言，她和父亲之间的矛盾是她一生的战役。后来父亲看到三毛发表的《朝阳为谁升起》，读后留下了一纸赞言：深为感动，深为有这样一株小草而骄傲。三毛看了留言感慨万千，回应道：等你这一句话，等了一生一世，只等你——我的父亲，亲口说出来，扫去了我在这个家庭里一辈子消除不掉的自卑和心虚。

心理学家威廉·杰姆士曾说：“人性最深层的需要就是渴望得到别人欣赏和赞美。”无论孩子多大，最能治愈他的，还是父母的认可！

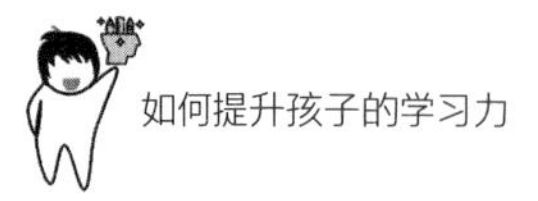

家长到底该如何培养孩子的自信呢？我认为有两点非常重要。

（1）自信不是说出来的，自信是在迎接挑战、征服困难中获得的。

很多孩子原本以为自己不能做成某件事，但是在父母的鼓励之下，或者他给自己加油后，找到了办法，坚持下去之后做到了，获得了征服感。这样，以后再遇到有挑战的事，他会更有信心，这才是真正的自信。

具体可以这样操作：让孩子先做有一点点难度的事情，比如平时不怎么记忆英语单词，但是以后每天记忆一个新单词。类似这样，坚持下来以后，有了良好的结果，比如单词比赛得了第一名，英文阅读水平进阶了。然后家长和孩子可以把这个好的结果外化出来，比如打印成照片贴在孩子的房间里，以后孩子再遇到困难的时候，多想一想自己曾经做好了哪些事，然后鼓励自己有能力做好下一件事。慢慢地，这样的成就事件积累越来越多，孩子就更加有自信，也更加不惧困难和挑战了。

（2）当孩子成功或失败时，家长引导孩子进行正确的归因。

孩子考试取得好成绩时，我们要称赞孩子是因为努力，而不是因为聪明。

英国著名心理学家理查德·怀斯曼在他的著作中写道：“表扬孩子聪明、有天赋可能会让他感觉良好，但也让他害怕失败、避免挑战，他担心自己万一没成功会难堪。告诉孩子他很聪明，无异于暗示他无须努力就可以表现很好，孩子就会缺少动力来努力付出，更可能失败。一旦失败，他的动力甚至可能被完全摧毁，从而产生一种无助的感觉。”

聪明、运气是无法控制的因素，经常这么评价，孩子会形成固定型思维模式。如果他考得不理想，就会特别泄气，那是因为我笨，所以我学不好，或者说我运气不好，老师偏偏考了我不会的地方。孩子不能正确认识自己的问题，学习的能动性就消失了。如果孩子考得理想，我们称赞孩子准备得充分、仔细，下次考试的时候，孩子还会继续努力这么做。

当孩子失败时，如果家长引导孩子将失败归因于努力程度不够，孩子会羞愧或内疚，经过家长引导后，孩子会坚持，会努力，对未来有较高的期待。如果家长引导孩子将失败归因于能力不够，长此以往，孩子觉得无论自己如何努力，能力就是不行，做事就是会失败，最后可能变成习得性无助。

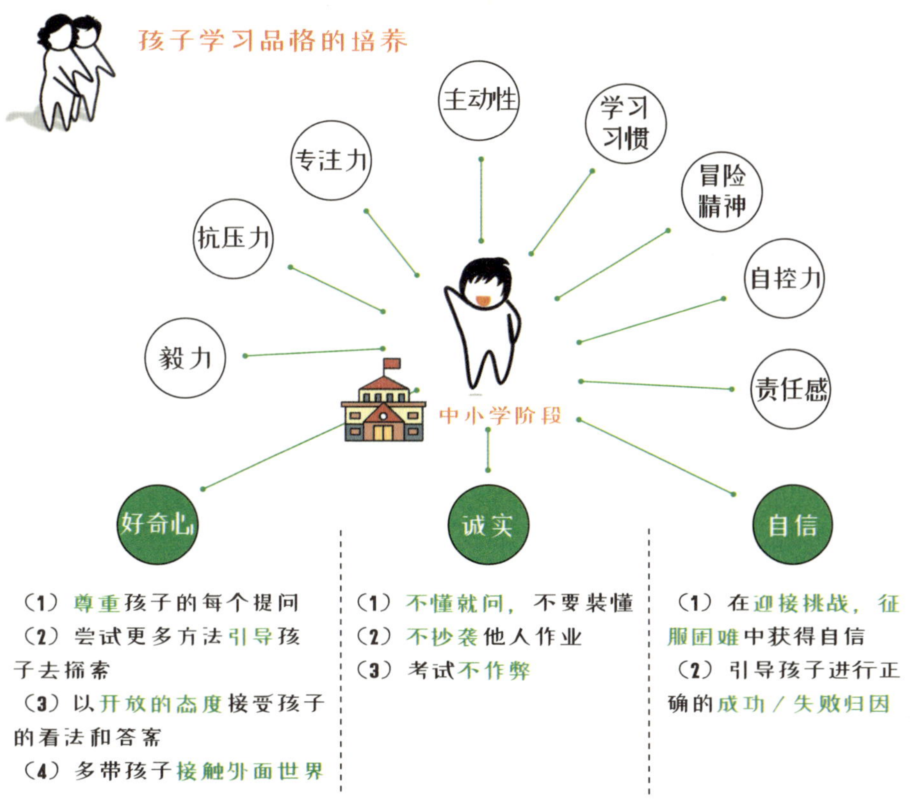

（1）尊重孩子的每个提问
（2）尝试更多方法引导孩子去探索
（3）以开放的态度接受孩子的看法和答案
（4）多带孩子接触外面世界

（1）不懂就问，不要装懂
（2）不抄袭他人作业
（3）考试不作弊

（1）在迎接挑战，征服困难中获得自信
（2）引导孩子进行正确的成功 / 失败归因

拆为我用 请想一想，还有哪些方法可以培养孩子的自信心？

参考文献 | References

[1] 林奏延，台湾长庚纪念医院儿科医疗团队 .《华人育儿百科》[M]. 北京 : 北京联合出版公司， 2016.

[2] 威廉・西尔斯，玛莎・西尔斯 .《西尔斯橙色亲子课》[M]. 邵艳美，译 . 北京 : 九州出版社，2015.

[3] 留佩萱 .《快乐养育法》[M]. 南京 : 江苏凤凰文艺出版社，2019.

[4] 乌莎・戈斯瓦米 .《牛津通识读本：儿童心理学》[M]. 吴帆，译，南京 : 译林出版社，2019.

[5] 马歇尔・卢森堡，《非暴力沟通》[M]. 阮胤华，译 . 北京 : 华夏出版社，2018.

[6] 约翰・戈特曼，琼・德克莱尔 .《培养高情商的孩子》[M]. 付瑞娟，译 . 杭州 : 浙江人民出版社，2014.

[7] 田宏杰 .《不咆哮让孩子爱上学习》[M]. 杭州 : 浙江教育出版社，2019.

[8] 马库斯・白金汉 .《现在，发现你的优势》[M]. 北京 : 中国青年出版社，2016.

[9] 古典 .《跃迁：成为高手的技术》[M]. 北京 : 中信出版集团，2017.

[10] 卡罗尔・德韦克 .《终身成长》[M]. 楚祎楠，译 . 南昌 : 江西人民出版社，2017.

[11] 米哈里・契克森米哈赖 .《心流：最优体验心理学》[M]. 张定绮，译 . 北京 : 中信出版集团，2017.

[12] 卡尔・ M. 卡普 .《游戏，让学习成瘾》[M]. 陈阵，译 . 北京 : 机械工业出版社，2015.

[13] 安德斯・艾利克森，罗伯特・普尔 .《刻意练习：如何从新手到大师》[M]. 王正林，译 . 北京 : 机械工业出版社，2016.

[14] 东尼・博赞 .《思维导图完整手册》[M]. 郭胜阳，译 . 北京 : 中信出版集团， 2018.

[15] 斯科特·扬.《如何高效学习》[M]. 程冕，译. 北京：机械工业出版社，2014.

[16] 陈忻.《养育的选择》[M]. 北京：中信出版集团，2016.

[17] 古典. 超级个体 [J/OL]. 得到 APP,2020.

[18] Huang, J., Prochner, L. Chinese Parenting Styles and Children's Self-Regulated Learning [J]. Journal of Research in Childhood Education, 2004, 18(3): 227—238.

[19] T Alnafea, DD Curtis. Influence of mothers' parenting styles on self-regulated academic learning among Saudi primary school students [J]. Issues in Educational Research, 2017, 27(3): 493—511.

[20] Hsieh, Y., Lin, Y., Hou, H. Exploring the role of flow experience, learning mance and potential behavior clusters in elementary students' game-based learning [J]. Interactive Learning Environments, 2016, 24(1): 178—193.

[21] Vogel, J.J., Vogel, D.S., Cannon Bowsers, et all. Computer gaming and interactive simulations for learning: A meta-analysis [J]. Journal of Educational Computing Research, 2006, 34(3): 229—243.

[22] Zhou, W., Wang, C., Hu, P., et all. Bottleneck breakthrough, action learning and transformation capability [J]. Nankai Business Review International, 2016, 7(1): 60—79.